Georges Bridel & Cie   Librairie Fischbacher

POUR MA FINLANDE !

Lausanne 1903 — Imp. Georges Bridel & Cie

JUANI AHO

Pour ma Finlande!

avec un essai

sur la littérature finlandaise

par

RENÉ PUAUX

LAUSANNE
Georges Bridel & Cie
éditeurs.

PARIS
Librairie Fischbacher
33, rue de Seine.

ESSAI

sur la

Littérature finlandaise.

> Ne pleure pas d'avance le jour qui ne fait que de naître.

C'est ce vers de Franzen, le plus vieux poète finlandais, qui chante dans ma mémoire, à l'heure où je commence cette étude. Il me semble prophétique, aujourd'hui, où sa patrie est encore plus troublée qu'en 1809, époque sombre pourtant où la guerre dévastait « le pays des mille lacs ». — On avait cependant affaire au même ennemi, mais sa loyauté ne pouvait être mise en doute. On sabrait, il est vrai, mais on n'empoisonnait pas !

Que la Finlande pourtant ne désespère pas, qu'elle écoute encore une fois la voix de son poète aimé qui chante du fond du passé :

> Ne pleure pas d'avance le jour qui ne fait que de naître.

Qu'elle se souvienne des épreuves qu'elle a victorieusement traversées, qu'elle songe au mystérieux symbole de sa nature où l'hiver assombrit l'horizon durant six longs mois, mais où l'été est radieux et où le soleil brille

nuit et jour dans le ciel, qu'elle n'oublie rien de tout cela
et qu'elle reprenne courage.

« Le jour viendra, écrivait M. Ch. Gide, où les nationalités qui auront su pieusement et jusque dans le tombeau
garder une petite étincelle de vie, pourront la rallumer;
il faut croire qu'il y aura un jour sur la terre un Paradis
où se retrouveront toutes les nations qui auront su se
faire à elles-mêmes une âme immortelle en observant la
justice. La Finlande y sera. »

N'est-ce point dans sa littérature qu'un peuple peut le
mieux prouver sa vie et sa personnalité, n'est-ce point là
le moyen le plus propice de faire connaître sa présence
au monde civilisé, le plus simple pour y relever son âme!
Aussi, est-ce en montrant les efforts magnifiques, faits en
un siècle, par les Finlandais, au bénéfice de l'Art et de
la Patrie, que je voudrais affirmer mon entière confiance
à leur endroit, dans l'avenir et sa justice.

L'histoire littéraire de la Finlande ne remonte pas, à proprement parler, au delà d'un siècle. Balottée entre la Suède
et la Russie, des environs de 1400 à 1809, dévastée par
des guerres continuelles, ruinée par des famines ou des
invasions, elle n'a ni le temps ni l'occasion de manifester
autrement que par une cohésion et une résistance héroï-
ques son existence autonome. En 1809, établie sous le
protectorat russe, elle comprend que son sort est défi-
nitif, qu'à l'avenir son puissant protecteur et voisin, enfin
parvenu à son but, tiendra à honneur de sauvegarder sa
conquête et de tenir ses engagements ; elle sent que
l'instant est venu de déposer les fusils et de ne plus combattre que par la charrue et la plume, arme de la pensée.

Pourtant quel formidable retard n'avait-elle pas à rattraper sur les autres peuples de l'Europe occidentale, sur cette Allemagne qui venait d'assister à la mort de Schiller et qui glorifiait Gœthe dans l'apothéose de son génie universellement déployé; sur la France gardant pour elle les trésors du siècle de Louis XIV et remuant le monde par le clairvoyant appel de Voltaire et des Encyclopédistes, *si riche en poètes qu'elle en guillotinait* quelques-uns, pour donner bientôt l'essor à toute la pléïade *romantique, de Chateaubriand à Victor Hugo*; sur l'Angleterre suspendue aux lèvres de ce charmant conteur que fut Walter Scott, amoureuse de son unique et délicieux Byron, étrangement émue par Shelley et l'audace de ses pensées; sur l'Italie qui pouvait mettre en ligne les grands noms de Manzoni, de Sylvio Pellico et de Leopardi.

Ah! que tous ces peuples étaient riches en comparaison de la petite Finlande qui n'avait à offrir au monde que la chanson de Franzen :

Ne pleure pas d'avance le jour qui ne fait que de naître.

Mais c'était là toute son âme.

L'aiguille du sort avait été longue à marquer l'heure de son éveil sur *le cadran*! de *l'histoire; cette heure* était maintenant venue.

Elle allait pouvoir librement et superbement chanter.

Une littérature pourtant ne s'invente pas; elle ne se façonne pas au gré du premier ou du plus habile ciseleur de rimes, elle est nécessairement le produit et le reflet de la pensée nationale; le poète ne conduit pas son peuple : il l'exprime.

L'Italie ardente et sensuelle contribue au trésor littéraire de l'humanité par ses poètes de passion : du désespoir de la mort à la béatitude de la chair, de Dante à
Gabriel d'Annunzio ; l'Angleterre nébuleuse et romantique, sombre et sentimentale, a produit « Macbeth » et
« on the Road of Mandalay ». L'Allemagne, placide et
intelligente, raisonneuse et heureuse de vivre, pose les
problèmes de la pensée dans sa sérénité exigeante de
Luther à Nietsche. La France, terre de soleil et de gaîté,
dépense, sans compter, son esprit, du plus épais au plus
fin, de Rabelais à Anatole France. Que restait-il aux
Finlandais dont l'athmosphère n'a ni la frénésie colorée
d'un ciel de Naples ou d'Amalfi, ni la souriante légèreté
d'un horizon de Touraine ou d'une rue parisienne, ni la
richesse un peu lourde mais bienfaisante des coteaux de
la Saxe, ni la délicatesse monotone d'un paysage du
Kent ?

Il leur restait leur patrie.

Les autres avaient l'esprit, la pensée, le spleen ou la
passion, mais aucune n'avait leurs lacs et leur amour
désespéré de ce petit coin de terre. Leur poésie pour
être originale avait trouvé sa voie : elle serait nationale.
Mais une première difficulté surgissait. On parle, en effet,
deux langues en Finlande : le suédois et le finnois. Les
habitants de la côte ouest, en rapport constant avec la
Suède, les classes dirigeantes toutes apparentées aux
fonctionnaires suédois qui, durant cinq siècles, avaient
administré le Grand-Duché, parlent le suédois. La grande
masse de la population, de pure race finnoise, c'est-à-
dire tartare, parlait et ne parle encore uniquement que

le finnois. Les universités d'Abo et d'Helsingfors ensei-
gnaient en suédois. N'était-ce pas parmi leurs étudiants
que devaient se recruter les futurs écrivains du pays, et
la littérature finlandaise allait-elle se borner à n'être comprise que d'un huitième de la population, à n'être qu'une
œuvre de dilettantes, une succursale modeste et stérile
de la Suède littéraire ?

Un grand événement allait faire disparaître cette
crainte légitime et permettre de réaliser la devise chère
aux finlandais : « Deux langues et une pensée. »

Cet événement c'est la mise au jour du Kalevala.

* * *

.... La nuit descend lentement sur les lacs du Savolak,
l'ombre efface peu à peu le dessin ciselé des collines
couvertes de sapins ; une à une, les barques sont rentrées
de la pêche et s'endorment, dans un clapotis berceur, sur
le bord du rivage. Au loin, les cabanes s'éclairent, la
lueur rose des fenêtres tombe sur la mousse, une clarté
bleue s'échappe légère de la cheminée. Le repas vient de
s'achever. Les pêcheurs se sont tus. Une musique très
fine, presque imperceptible prélude avec quelques ac-
cords en mineur. Deux hommes se sont assis l'un en face
de l'autre, se tenant les mains. Le silence se fait plus
profond : ils chantent. Quels sont ces récits étranges
qui s'échappent de leurs lèvres ? Dans quels recueil
ont-ils pris ces contes mystérieux et grandioses ?
A quelle mythologie appartiennent ces héros dont le
nom résonne sans cesse. Ce problème devait tenter un
philologue. L'honneur en revint à Elias Lönnrot. Né en

1802, fils d'un pauvre tailleur de village d'une lointaine région forestière, le jeune homme, à force de travail et d'opiniâtreté parvenait à l'université d'Abo. Il prenait bientôt ses grades et désireux de venir en aide à ses compatriotes abandonnés, choisissait la carrière médicale. Si telle était la vocation que sa raison et le sentiment du devoir lui faisaient préférer, l'amour de la littérature était depuis longtemps, chez lui, à l'état de passion. Son intérêt s'était éveillé à la lecture des publications du médecin Zachris Topelius, concernant quelques chants épiques recueillis de la bouche des chanteurs de la Carelie russe. Désireux de rechercher cette poésie à sa source même, il alla s'établir à Kajana, bien loin dans le nord, dans la solitude, au delà des frontières de la civilisation.

Il commença là ce gigantesque travail qui devait faire de son nom l'un des plus aimés et des plus vénérés de la Finlande. Allant de cabane en cabane, soignant les paysans et les pêcheurs, il recueillait, avec une patience admirable, les récits que lui chantaient, en marque de remerciement, ses malades ; il s'apercevait bientôt qu'il y avait entre ces chansons (runes) un lien narratif et reconstituait, peu à peu, le récit tout entier qu'il publia sous le titre de *Kalevala*. La publication de cette épopée gigantesque (elle compte plus de 22 000 vers) eut un retentissement énorme dans tout le pays.

Les contemporains d'Alcibiade découvrant subitement l'Illiade et l'Odyssée n'auraient point manifesté de joie pareille. Les Finlandais avaient donc un trésor littéraire national, ils avaient un passé, des titres de noblesse

intellectuelle. Mais avant d'analyser ce monument désormais historique, il est bon de s'attarder sur ses origines et sur ses particularités; elles révèlent, à elles seules, toute l'âme de la Finlande.

La Finlande, comme tous les peuples primitifs, a usé de la tradition orale pour conserver ses légendes, patrimoine à la fois religieux et littéraire, aussi longtemps que les procédés graphiques n'ont pas été employés. L'éducation par le livre devait avoir pour conséquence nécessaire la disparition des chanteurs de runes, nommés runoiats. Lönnrot rappelait ces paroles de l'un d'entre eux âgé de quatre-vingts ans : « Ah! que n'étiez-vous là, pendant la saison de la pêche, lorsque nous nous reposions près du brasier allumé sur le rivage! Nous avions pour compagnon un homme de notre village, un bon runoiat, moins bon toutefois que mon père. Pendant toute la durée des nuits, ils chantaient en se tenant par les mains, mon père et lui, et jamais la même rune n'était répétée deux fois. Je n'étais alors qu'un petit garçon; mais j'écoutais avec une curiosité avide, et c'est ainsi que j'ai appris les runes capitales. Hélas! déjà j'en ai oublié plusieurs. Mes fils ne seront jamais, après ma mort, d'aussi bons runoiats que je l'ai été moi-même après la mort de mon père. On prise moins, aujourd'hui, les vieux chants que dans mon enfance; on chante encore dans les réunions, surtout après boire, mais rarement quelque chose de valeur. La jeunesse fredonne des chansons plus que légères dont je ne voudrais pas souiller mes lèvres. »

Les hommes n'étaient point les seuls à conserver ces

traditions et le peintre Edelfelt me racontait l'histoire d'une femme nommée Paraske, l'une des dernières chanteuses de Finlande, histoire qui montre jusqu'à quel point de précision ces chanteurs et chanteuses avaient le souci de l'exactitude traditionnelle. Lorsqu'elle arrivait à un certain passage de la quinzième rune où la mère de Lemmikäinen se désole sur la mort de son fils, elle fondait en larmes avec les signes évidents de la plus grande douleur. Comme elle avait, en réalité, ses enfants en bonne santé et qu'il n'y avait aucune analogie entre sa situation personnelle et celle de l'héroïne de la chanson, Edelfelt, intrigué, lui demanda pourquoi elle pleurait? La vieille Paraske répondit: « J'ai toujours vu ma mère pleurer en cet endroit de la rune. »

Les chanteurs sont également accompagnés sur une sorte de cithare nommée Kantele, c'est un instrument triangulaire, primitivement établi sur cinq cordes et dont la musique est infiniment monotone et en mineur. L'origine du Kantele remonte à la plus haute antiquité, sa création fait l'objet de nombreux couplets du Kalevala, c'est l'instrument magique dont se sert le héros principal du livre, le puissant et sage chanteur Wainömoinen.

Le Kalevala formant la base même de tout le développement littéraire et artistique de la Finlande, il faut l'étudier ici en en donnant une analyse aussi complète que possible.

* *

Le poème s'ouvre par une explication fort poétique de l'origine du monde: La Vierge de l'air, Luonnotar, fille de la nature, qui représente la force créatrice, erre pendant sept siècles dans l'espace. Sa solitude et son inactivité lui pèsent, elle invoque Ukko, le dieu suprême, qui envoie vers elle son aigle [1] qui fait son nid sur ses genoux et y dépose sept œufs. Les œufs se brisent et de leurs débris nait le monde : « De la partie inférieure des œufs se forma la terre, mère de tous les êtres ; de leur partie supérieure, le ciel sublime ; de leurs parties jaunes, le soleil radieux ; de leurs parties blanches, la lune éclatante ; leurs débris tachetés devinrent les étoiles ; leurs débris noirs les nuages de l'air. »

Cependant, ce monde est désert, il y manque la pensée ; c'est alors qu'après une gestation de trente années, après avoir huit ans été balotté sur les flots, Waïnamöinen, l'illustre runoia, aborde sur un cap inconnu : « Là, s'aidant des coudes et des genoux, il se dressa de toute sa taille, et se mit à contempler le soleil et la lune, à admirer la spendeur d'Otava [2], à se réjouir de l'éclat des étoiles. »

Son premier soin est de défricher cette île stérile et de l'ensemencer. Il y a dans cette rune un tableau assez complet des modes de culture des anciens Finnois. Cependant, sa renommée s'est étendue. Jouhakainen, un jeune pâtre de Laponie, jaloux du chanteur, le provoque d'abord dans un concours de chant puis à la lutte. Le sage le dédaigne mais, indigné par ses injures, l'ensorcèle et le plonge dans un marais. Ici, se place un des plus jolis épisodes du récit. Le pauvre pâtre se lamente au

---

[1] On peut déjà ici remarquer l'analogie entre Ukko et Jupiter qui, lui aussi, se sert de l'aigle comme messager. Le mélange des traditions dans le Kalevala, n'en est pas un des moindres attraits.
[2] La Grande Ourse.

fond du marais, il essaie d'apitoyer le magicien et lui offre ses trésors :

> J'ai deux arcs, deux beaux arcs sûrs et puissants
> Prends celui que tu voudras !

Le runoiat n'en a que faire.

> J'ai deux bateaux, deux beaux bateaux,
> L'un court vite, l'autre est grand et vaste,
> Prends celui que tu voudras !

Le runoiat n'en a souci.

> J'ai deux chevaux, deux beaux chevaux,
> L'un est rapide comme l'éclair, l'autre solide,
> Prends celui que tu voudras.

Le runoiat en a de plus beaux !

> Je te donnerai un casque plein d'or,
> Un chapeau plein d'argent,
> Tout ce que mon père a gagné dans les combats.

Le runoiat le dédaigne.

> Je te donnerai tout le grain que je possède,
> Toutes mes terres fécondes,

Le runoiat a un plus vaste et riche domaine.

> Je te donnerai ma sœur Aino
> Pour mettre en ordre ta maison,
> Pour balayer le plancher de ta chambre,
> Nettoyer les jattes de lait,
> Laver tes vêtements,
> Te tisser un manteau d'or,
> Te pétrir des gâteaux de miel.

Le runoiat ne répond pas, s'assied sur une pierre élevée, chante trois chansons magiques et Jouhakainen sort du marais.

C'est ici que commence le roman d'Aino qui forme le fragment le plus délicat et le plus émouvant du livre. Il y a là une étude de psychologie qui fait honneur à son auteur anonyme.

Lorsque le jeune pâtre rentre au logis, il raconte son aventure. Sa mère, sans s'inquitter de l'opinion de sa fille, se réjouit d'avoir le célèbre runoiat pour gendre. Aino, au contraire, se lamente. Elle n'a aucun désir de se marier, de quitter ses parents, de renoncer aux plaisirs de la jeunesse.

Un jour qu'elle va au bois cueillir des branches de bouleau, Waïnamöinen paraît et lui rappelle la promesse de son frère.

« C'est pour moi seul et non pour un autre que tu dois, ô jeune fille, porter un collier de perles, orner ta poitrine d'une boucle de métal et nouer tes cheveux avec un ruban de soie. » Et Aino de lui répondre : « Les beaux vêtements ne me font point envie, je préfère me couvrir de vêtements étroits, me nourrir de morceaux de pain dur, dans la maison de mon père, auprès de ma douce mère. »

Et elle détacha la boucle de sa poitrine, elle ôta les anneaux de ses doigts, le collier de perles de son cou, le ruban rouge de ses cheveux, et elle les jeta à terre, les dispersa dans les bois et revint en pleurant à la maison. C'est en vain qu'on cherche à la consoler, en lui offrant de nouveaux bijoux, elle s'isole et pleure, ses lamentations ont parfois des accents d'une étrange couleur.

« Mieux eût valu pour moi de ne jamais naître à la vie, de ne jamais grandir pour ces jours funestes, pour ce monde vide de joie. Mieux eût valu pour moi de mourir âgée seulement de six nuits, de m'éteindre au huitième jour de mon existence. Alors, il m'eût fallu bien peu de chose : un simple lambeau de toile, un tout petit coin de terre ; et je n'eusse coûté que quelques larmes à ma mère, encore moins à mon père, pas même une seule larme à mon frère. »

« — Pourquoi pleures-tu ? malheureuse enfant », lui demande sa mère.

« — Je pleure, parce que tu m'as promise, parce que tu m'as donnée, moi, ton enfant, pour servir de soutien au vieillard, de joie au décrépit, d'appui au chancelant, de gardienne à celui qui passe son temps blotti au coin du feu. »

Sa résolution de mourir est maintenant arrêtée, elle quitte la maison, marche trois jours et arrive au bord de la mer. Elle pleure toute la nuit, assise sur un rocher, puis, le matin venu, voyant trois jeunes filles qui se baignent au large d'un promontoire, elle cherche à les rejoindre, mais disparaît bientôt sous les flots.

Elle chante une dernière fois avant de rouler dans l'abîme et sa pensée se reporte à ceux qu'elle aime.

« Ah ! que durant toute sa vie mon père ne vienne plus pêcher dans ce grand golfe, ma mère y puiser de l'eau pour faire son pain, mon frère y conduire baigner ses chevaux, ma sœur y laver son doux visage. »

Un lièvre se charge d'apporter la nouvelle aux pauvres parents.

Alors, la mère d'Aino commence à pleurer. Il faut citer ici tout ce fragment que les Finlandais appellent « la chanson des larmes », car il est d'une incomparable beauté.

« Les larmes coulent de ses yeux bleus sur ses tristes joues, de ses tristes joues sur sa belle poitrine, de sa belle poitrine sur les fins plis de ses vêtements. Une larme tombe, puis une autre, et des fins plis de ses vêtements, elles roulent sur ses bas bordés de rouge, et de ses bas bordés de rouge sur ses souliers brodés d'or.

Une larme coule, puis une autre et de ses souliers brodés d'or, elles roulent sur la terre et de la terre dans l'eau.

Et de ces larmes trois fleuves surgissent, et de chaque fleuve trois cataractes impétueuses comme la flamme, et au milieu de ces cataractes, trois îles, et sur les bords de chaque île, une montagne d'or, et sur la cime de chaque montagne, trois bouleaux, et dans la couronne de chaque bouleau trois beaux coucous.

Les coucous se mirent à chanter.

Le premier dit : « Amour, amour ! »

Le second dit : « Fiancé, fiancé ! »

Le troisième dit : « Joie, joie ! »

Celui qui dit : « Amour, amour ! » chanta pendant trois mois, pour la jeune fille privée d'amour, pour celle qui repose au fond de la mer.

Celui qui dit : « Fiancé, fiancé ! » chanta pendant six mois, pour le fiancé privé de sa fiancée, pour celui qui est laissé en proie aux amers regrets.

Celui qui dit : « Joie, joie ! » chanta toute la vie pour la mère privée de joie, pour celle qui pleure sans repos.

Et la mère d'Aino dit : « Il ne faut pas qu'une mère accablée par la douleur écoute longtemps le coucou chanter. Lorsque le coucou chante, le cœur bat, les pleurs viennent aux yeux, les larmes roulent des joues, plus grosses que des pois mûrs, plus enflées que la semence des fèves. Oui, la vie s'use d'une aune, le corps vieillit d'un empan, tout le corps se brise, lorsqu'on prête l'oreille au coucou du printemps. »

Waïnamöinen a appris la fatale nouvelle. Il part à la recherche d'Aino. Il arrive au golfe où s'est noyée sa fiancée et se met à pêcher. Un jour, un étrange poisson mord à l'hameçon, il s'apprête à le dépecer quand il lui échappe. C'est Aino, ainsi métamorphosée qui, une dernière fois, avant de disparaître à jamais, maudit le vieux chanteur.

La douleur du vieillard est poignante et réelle. Sa lyre s'est tue, les coucous qui jadis chantaient au-dessus de sa porte, dans la clarté du crépuscule, gardent le silence ; il pleure et s'écrie :

« Ah ! si ma mère vivait encore, elle m'inspirerait, sans doute, ce que je dois faire pour ne pas être brisé par le chagrin, pour ne pas succomber au désespoir durant ces jours pleins d'amertume. »

Et voici que la mère de Waïnamoinen s'éveille de sa tombe et lui dit : « Va, mon fils, vers le pays de Pohjola, tu y trouveras une autre épouse. »

Le runoiat se met en chemin, mais Jouhakainen, le frère d'Aino, qui brûle de se venger, l'attend au passage, blesse son cheval qui l'entraîne dans les flots.

Il est balotté par les flots, mais un aigle vient à son secours et l'emporte, sur ses ailes, à Pohjola, but de son voyage.

Louhi, l'hotesse de Pohjola, le reçoit magnifiquement, cherche à le distraire, mais il est inconsolable, il veut revenir dans son pays. Louhi propose de l'y conduire s'il peut lui forger un *Sampo* (c'est un bouclier magique qui donne la joie et la prospérité au pays qui le possède). Elle lui donnera aussi sa fille, la vierge de Pohjola. Mais

il en est incapable. Un seul peut le faire. C'est Ilmarinen
le forgeron : « C'est lui qui a forgé la voute du ciel, qui
a martelé le couvercle de l'air, sans qu'y paraissent les
coups de marteau, ni les morsures des tenailles. » La
vierge de Pohjola sera donc l'épouse d'Ilmarinen, pourtant il reste à Wainamöinen un suprême espoir. S'il sort
vainqueur de trois épreuves difficiles il sera tout de
même choisi comme époux. Et nous retrouvons ici la
légende d'Hercule. Le vieux chanteur ne réussit pas·
Ilmarinen qui, entre temps, s'est mis sur les rangs et a
forgé le Sampo est également repoussé. Un troisième
prétendant se présente : Lemmikäinen. On lui impose,
à lui aussi, des travaux gigantesques. Il réussit les deux
premiers, mais trouve la mort au troisième qui consistait
à tuer le cygne qui nage sur le fleuve de la mort. Mais
sa mère veille, se met en route et grâce à sa persévérance
et à son amour reconstitue, fragment par fragment, tout
son fils et par ses supplications à Dieu le rend à la vie.

Le quinzième runo, qui raconte cet épisode, est le
plus extraordinaire poème qu'on n'ait jamais écrit à la
gloire de l'amour maternel. J'en citerai seulement la fin.
La mère a retiré du fleuve de la mort quelques lambeaux
du corps de son fils, mais la tâche semble au-dessus de
ses forces.

Et la pauvre mère pleure et semble se décourager.

Un corbeau qui est perché sur une haie et qui représente l'esprit de tentation dans le poème, lui croasse :
« Va, rejete-le à l'eau, on ne peut rien en faire, la truite lui
a dévoré les yeux, le brochet lui a rongé les épaules. »

Mais la mère ne l'écoute pas, elle se remet à l'ouvrage,

replonge son rateau et arrache au fleuve sombre, lambeau par lambeau, tout son fils bien-aimé.

Alors avec une merveilleuse patience elle reconstitue son fils. Elle adapte la chair à la chair, les os aux os, les jointures aux jointures, les veines aux veines.

Elle invoque Suonetar, la déesse de la santé, elle invoque Dieu lui-même dans une prière curieuse :

« Attelle tes coursiers, dirige ton traineau à travers les os, à travers les jointures, à travers les chairs, les veines pentelantes, unis les chairs aux chairs, les veines aux veines, verse de l'argent dans les trous des veines, de l'or dans les fissures des veines. Rends la santé à toutes les parties malades et étends sur elles ta bénédiction. »

Et le sang reprend sa course à travers les veines et les artères, car c'est lui qui est l'essence de la vie et qui est mis en mouvement par Dieu lui-même.

Mais le héros n'a pas recouvré son âme, il est muet.

Alors la mère appelle Mehilainen, l'abeille, à son aide. C'est elle qui cherchera dans les forêts et par les champs, puis dans les étoiles, le miel dont on frottera les lèvres du fils.

Et par trois fois l'abeille reprend son vol, toujours plus haut, jusqu'à Dieu. Là se trouve le vrai miel, le baume efficace dont le Créateur s'est servi lui-même, dont Jumala a frotté les blessures de son propre fils, alors qu'il avait été maltraité par les puissances des ténèbres.

(Je n'ai pas besoin d'indiquer ici l'influence très visible de l'histoire de la résurrection du Christ.)

L'abeille a rapporté le baume de salut. Lemmikaïnen s'éveille de ses rêves, « J'ai longtemps dormi, dit-il, j'ai longtemps reposé, enseveli dans un doux sommeil, dans un long repos. »

Mais déjà il veut reprendre sa course folle. Sa mère le dorlotte et le berce, mais non, il veut partir.

« Mon pauvre cœur n'est point ici, il erre avec mes désirs, avec mes pensées, parmi les jeunes filles de Pohjola, parmi les belles chevelures. La vieille de Pohjola, au nez pourri, ne me donnera point sa fille si je ne tue le cygne du fleuve de Tuoni, si je ne l'apporte du tourbillon du torrent sacré. »

La mère de Lemmikaïnen le reprend doucement et c'est la fin charmante de ce récit: « Laisse donc tes cygnes maudits dans les ondes noires de Tuoni, dans le torrent mugissant! Reviens à la maison avec ta tendre mère ; apprécie enfin ton bonheur. Rends grâce au Dieu révélé de ce qu'il t'a secouru si efficacement, de ce qu'il t'a rendu à la vie, car je n'aurais jamais réussi sans l'aide de Jumala, sans l'intervention du vrai Créateur. »

Alors le joyeux Lemmikaïnen reprit la route de sa maison avec sa tendre mère, sa mère bien-aimée.

J'ai voulu citer tout au long ces quelques épisodes car ils sont caractéristiques du mouvement poétique et de la sentimentalité particulière de l'âme finnoise, mais nous ne nous trouvons qu'à la quinzième rune et il y en a cinquante et une. Il nous faut donc passer sur de nombreux passages d'une beauté égale à celle de ceux que nous venons de citer et nous contenter d'indiquer la marche générale du récit.

Pendant l'absence de Lemmikaïnen, Ilmarinen est devenu l'heureux époux de la vierge de Pohjola et nous trouvons un long récit de noces célébrées avec éclat. Les conseils de la mère à sa fille, le tableau plutôt sombre qu'elle lui fait de la vie conjugale, quelle compare à un esclavage, attristent la jeune fiancée, mais il ne la faut point laisser sur cette impression, c'est alors qu'un enfant qui symbolise l'amour, entonne le *Lohdutus-Sanat* (le chant de la consolation) où il décrit tous les bonheurs du mariage, et cela est fort touchant et joli.

Puis vient l'épisode de Kullervo, qui est **né** pour le malheur. Il y a là le plus curieux mélange de ces réminiscences païennes et chrétiennes que nous avons déjà signalées. L'enfant, comme Moïse, est exposé sur la mer dans un tonneau, pendant trois nuits, mais il en sort sain et sauf, il est mis sur un bûcher pendant trois jours, et, comme Daniel, le feu ne le touche pas, on le pend à un arbre, mais on le retrouve gravant son nom sur l'écorce du chêne.

C'est en vain qu'on cherche à l'utiliser. L'enfant qu'on lui confie meurt de mauvais traitements, on l'envoie abattre un arbre dans la forêt et il détruit toute la forêt, on le prie de construire une cloison et il bâtit un mur qui monte jusqu'au ciel, on l'embauche pour battre le seigle et il réduit toute la moisson en une poudre impalpable. On le cède à Ilmarinen, mais la femme d'Ilmarinen qui veut se défaire de cet esclave terrible, cache une pierre dans son pain. Pour se venger, Kullervo livre le bétail aux ours et aux loups et finit par faire dévorer sa méchante maîtresse par un ours.

A cet épisode fait suite le long récit des luttes entre le pays de Kaleva et celui de Pohjola pour la conquête du Sampo, ce bouclier magique qui donne la prospérité à ceux qui le possèdent. Au milieu des combats, le Sampo se brise et tombe dans la mer, un de ses morceaux est poussé par les flots sur les rives de Kaleva (la Finlande) et assure le bonheur éternel du pays. Wainömoinen déjoue les ruses de tous ses ennemis et force Louhi, la femme du Pohjola à délivrer le soleil et la lune qu'elle avait enfermés dans une montagne de cuivre. Enfin dans la dernière rune nous assistons à la lutte entre le christianisme et le paganisme. Une vierge, Mariatta, met au monde un fils qui, malgré la condamnation de Wainamöinen, est couronné roi de Carelie. Le vieux chanteur païen quitte alors le pays, laissant pourtant après lui son Kantele et ses chants pour la joie éternelle de la Finlande.

Telle est cette immense épopée recueillie patiemment et coordonnée par Lönnrot. Par sa richesse extrême, sa variété infinie, elle est d'une lecture féconde et captivante, c'est ainsi que s'explique que depuis un demi-siècle les artistes et les poètes ont cultivé ce champ fertile avec succès. Les tableaux inspirés du Kalevala, les poèmes qui en développent tel ou tel fragment sont nombreux et rien ne permet de croire que cette source soit de longtemps tarie.

Si l'on cherche à définir le caractère distinctif de cette épopée nationale on est de suite frappé par son allure pacifique. Alors qu'Homère se plaît aux récits guerriers, que la chanson de Roland est pleine de descriptions de batailles, le Kalevala évite avec soin les sanglants tableaux. Les héros finnois accomplissent plus souvent leurs exploits par la puissance du chant et de la parole que par l'épée. Le vainqueur n'est pas le plus fort, mais le plus sage : celui qui détient le secret des *paroles originelles*.

Cette caractéristique a son importance, elle explique mieux que toute autre considération l'attitude actuelle des Finlandais qui ne cherchent point à résister à l'oppression russe par la révolte armée, mais uniquement par la discussion paisible et forte de leurs droits. La sagesse ne doit-elle pas vaincre la force ?

Certes il faut relever de nombreuses inconséquences dans le récit. Ici Wainömoinen n'a besoin que de prononcer certaines formules pour transporter Ilmarinen à des centaines de kilomètres, et là le magicien lui-même se voit réduit à emprunter un traîneau et un cheval pour retourner chez lui. Mais ne faut-il pas voir dans ces faiblesses, à côté d'un illogisme bien humain, le respect même du miracle ? Le miracle ne doit s'accomplir que dans des circonstances d'une particulière gravité, sa grandeur interdit qu'on en fasse un usage inconsidéré et médiocre. Si Wainamöinen a la toute-puissance, il le prouve par des actes proportionnels et non pas par des tours dignes d'un prestidigitateur.

Mgr Dupanloup disait : « Il faut croire aux miracles, mais il ne faut pas en inventer, » car le miracle inutile est destructeur de la foi.

Si le Kalevala soutient la comparaison, au point de vue héroïque, avec l'*Illiade* et l'*Odyssée*, les dieux de l'Olympe étant remplacés par les chants magiques et leur intervention, il les dépasse par son côté sentimental et lyrique. Les exemples que nous en avons cités sont concluants dans ce sens. En général on peut dire que les descriptions les plus belles et les plus complètes sont celles qui ont rapport au foyer domestique. Ce caractère si marqué de la poésie finlandaise à ses débuts va se retrouver dans les œuvres contemporaines et prouver la force du traditionnalisme qui a permis à ce petit peuple de résister jusqu'à aujourd'hui à l'invasion étrangère.

Nous avons donc dans le Kalevala un résumé de la tradition latente et un aperçu mi-symbolique et mi-réel de l'âme de la race.

Un grand poète allait naître qui compléterait ce trésor et, sous une forme plus moderne, préciserait les aspirations de la nation.

Ce fut Jean-Louis Runeberg.

** * **

Descendant d'une famille de paysans, fils d'un capitaine de vaisseau, Jean-Louis Runeberg naquit à Jacobstadt en 1804. Ses premiers regards sur la vie furent pour entrevoir dans des visions imprécises, mais pourtant à jamais profondes chez un enfant, la guerre de 1809.

La détresse de son pays vint jusqu'à son âme, il consacra sa vie à la sauver, il y devait réussir.

On a appelé Runeberg « le cœur de la Finlande, » et nulle appellation n'est moins emphatique ni plus juste. C'est par lui que la Finlande a pris conscience d'elle-même, a senti s'affirmer le sentiment national jusque-là imprécis et flottant. Affaiblie et démoralisée par la guerre de 1809, elle semblait se demander si de vains regrets devaient épuiser sa pensée ou si quelque terreur du sort futur devait annihiler ses forces.

C'est alors que parut Runeberg, optimiste comme la plupart des grands esprits, chantant cette guerre de 1808-09 non plus comme une tristesse, mais comme une héroïque épopée, source d'orgueil et de courage.

Il montrait aux Finlandais que leurs pères, par leur résistance sublime, leur avaient légué, avec une liberté chèrement mais loyalement gagnée, le devoir et le droit de la défendre.

Il donnait aux Finlandais ce qui leur manquait : de grandes figures de héros, grandies encore par le vers épique, à admirer et à suivre. Il leur disait : notre histoire, pour être courte, n'en est pas moins aussi belle et aussi noble qu'aucune autre, notre race est une race de vaillants, notre sol, pour être pauvre, n'en est pas moins digne d'attachement et d'amour parce qu'il est *notre* sol, nous avons le privilège d'avoir à travers les siècles et les tourmentes gardé notre nationalité intacte ; à nous de la développer et de la grandir.

Cet enseignement, il l'a mis directement ou indirectement dans toutes ses œuvres, qui chantent le pays natal, la vie paysanne, le sol et le sang finnois. Il l'a enfin résumé dans son célèbre poème *Vart Land* (Notre pays), qui est devenu le chant national de la Finlande et dont je traduis ces quelques strophes.

> « Pays ! Notre pays ! doux nom, résonne haut ;
> Il n'est point de vallon, de coteau ni de grève
> Plus près de notre amour, plus doux dans notre rêve
> Que toi, sol des aïeux, berceau de nos héros.

C'est ici qu'on lutté les pères de nos pères,
Ici qu'ils ont livré, cramponnés sur ce roc
Les combats de pensée, et de glaive, et de soc.
C'est ici, sur ce sol, sur cette pauvre terre,
Au temps de la clarté comme au temps du déclin,
Au soir désespéré comme à l'aube énivrante,
Que l'âme finlandaise a, joyeuse ou souffrante,
Vaillamment supporté le poids de son destin.

. . . .

Pays des mille lacs, étonnante nature
Pays de la chanson, de la fidélité
Havre sûr pour nos cœurs par la vie agités,
Pays des temps passés et des grandeurs futures,
Chasse de tes soucis ton sort de pauvreté ;
Sois libre, sois heureux et fort, d'une âme pure.

Ta fleur dans son bourgeon est encore enfermée
Mais le jour va monter des larges floraisons :
Ta clarté, ton espoir, ta gloire à l'horizon
Surgiront de ta fleur par notre amour germée
Et la brise, au ciel bleu portera, parfumée,
La chanson de notre Finlande bien-aimée !

Est-il besoin de signaler l'extrême différence de cet
hymne national avec celui des autres pays, pour la plupart belliqueux et sanguinaires ? Ici, ce n'est que l'exalta-
tion de l'idée de patrie dans sa forme la plus haute et la
plus large. Dans toute son œuvre il n'est pas un mot de
haine contre l'ennemi victorieux, l'esprit de tolérance
plane sur ses chants les plus fougueux. Dans son livre le
plus connu : *Les récits de l'enseigne Stal*, qui est un
exposé de la guerre de 1809, il le pousse au point de
célébrer le courage et la loyauté du chef adverse qui fit
le plus de mal à ses frères, le général Kulneff. Ce long
poème se termine par ces vers :

Il tira contre nous son glaive redoutable
Il sema dans nos rangs de deuils incalculables
Mais pourtant nous l'aimons contre et par-dessus tout :
Son courage et sa foi le rattachent à nous
Car par delà les liens de drapeau, de patrie
Les forts ont en respect leur camaraderie.

Hurra donc pour Kulneff ! hurra pour sa valeur !
Nous ne trouverons plus un cœur comme son cœur
Notre sang a coulé par lui, c'est vrai, qu'importe !
Dans notre assaut commun sa main fut la plus forte
Mais c'était son devoir et son droit de soldat.
Et puis n'avions-nous pas dans ce sombre combat
Un but égal au sien et la même espérance ?

La haine est pour le lâche, et pour sa défaillance
Nous n'avons que mépris, que reproche et qu'horreur,
Mais pour qui s'est battu, loyal, avec honneur
Poussons un fier hourra ! joyeux et plein de flamme
Non pour fêter ses coups meurtriers, mais son âme ! ! !

Ceux qui ont souffert et connu le fléau de la guerre comprendront quelle hauteur morale il faut atteindre pour pouvoir écrire cela.

L'on ne sera pas moins ému par une autre page belle et forte, également extraite des *Récits de l'enseigne Stal* où le poète chante le général Dobeln, l'un des plus grands héros de la guerre de 1809.

La journée de Dobeln.

Dœln venait d'être dangereusement blessé et avait subi l'opération du trépan. Il était couché, quand on lui apprend que son armée faiblit. Il monte à cheval, la tête entourée d'un bandeau noir, et, malgré la fièvre, accourt sur le front des troupes.

« ...Il a commandé le silence. Écoutez-le. Il s'adresse
à ses hommes que la défaite avait dispersés. Il passe,..
les groupes se reforment et leurs rangs se resserrent.
Déjà les armes scintillent en lignes pressées. Cette armée
en haillons, noire de poudre, la voilà debout, en ordre,
menaçante, et de nouveau redoutable. Elle marchait
résignée au sacrifice, elle pense maintenant à la victoire.
Un autre esprit plane sur elle.

» Dobeln passe à cheval devant le front de sa troupe
qu'il retrouve pleine de confiance et de force. Son œil
pénétrant semble parcourir chaque compagnie, chaque
rang, voir chaque soldat. Tous sentent que de grands
projets travaillent son esprit, mais il demeure plus impénétrable que jamais. Il montre une douceur inaccoutumée ce jour-là, et ses traits rudes s'illuminent parfois
à la vue de quelque grognard, de quelque ancienne
connaissance.

» Il y en avait de ceux-là dans ta compagnie! de
Kothen! C'était Standar le caporal N° 7. Il était là debout,
un pied dans une chaussure en loques, l'autre nu et plein
de sang. Dobeln arrivé devant ce vieillard, s'arrêta.
L'œil s'ombre, la main droite au front, il le regarda silencieux. « Mais! tu en étais; dit-il enfin, tu étais dans la
» plaine de Lappo, aux combats de Kaoua-Yoki? Est-ce
» là tout ce que tu as gagné?

» Général, répondit le vétéran, voici l'arme que vous
» m'avez donnée vous-même. Le canon est intact et la
» batterie fait feu comme autrefois, que faut-il de plus?
» Mal vêtu, qu'est-ce que cela fait? nous sommes tous
» comme cela! et puis l'habit ne fait pas le soldat! Chaussé

» ou pas chaussé, c'est tout comme ! Fais-nous tenir ferme
» au lieu de fuir et mon pied nu marchera comme
» l'autre. »

» Dobeln ne répondit pas, mais salua très bas cet
homme.

» Il vint devant la compagnie de Brakels. Il aperçut
alors le tambour et s'arrêta. C'était un vieux qu'il connaissait depuis 88, son bras était raidi par les ans et ne pouvait plus battre un roulement comme autrefois ; il paraissait rarement à la parade, mais quand il fallait payer de
son sang, il était toujours là.

» Le général lui parla : « Eh bien, camarade, n'es-tu
» pas las de battre ta caisse? N'y en a-t-il pas de plus
» jeunes que toi? Tu es resté ici toute la journée à t'en-
» gourdir,... comment feras-tu pour manœuvrer tes ba-
» guettes ? »

» Le vieillard l'écoutait avec dépit : « C'est vrai, géné-
» ral, je ne suis plus jeune, et il me serait difficile de faire
» des roulements comme des freluquets, mais le tout c'est
» d'avoir le bras solide ! Commandez comme autrefois
» Armfelt : En avant, marche ! battez tambours ! — et
» Nord battra la charge, lentement peut-être, mais comme
» le tonnerre ! »

» Le héros de Lappo sourit et tendit, sans mot dire,
la main au vétéran d'Armfelt. Il atteignit enfin le bord
de la rivière le long de laquelle se trouvaient rangés les
partisans de Gyllenbogel. Au premier rang se trouvait
un adolescent, fraîchement enlevé à sa charrue. Il était
tout pâle. Dobeln arrêta son cheval, et d'un ton irrité :
« Qui es-tu, paysan? Que fais-tu là? N'as-tu pas encore

» appris à mépriser la mort ? Ta joue est blanche comme
» la neige ? Aurais-tu peur ? »

Le jeune homme fit un pas, leva le bras, déchira sa
vieille veste grise et un flot de sang jaillit d'une blessure
en pleine poitrine : « J'ai gagné cela ici, général, dans la
» dernière affaire. Ça coule peut-être un peu trop vite,
» c'est ce qui fait que ma joue n'est plus bien rouge ; mais
» je peux compter encore parmi les braves. Je suis bien
» bas, c'est vrai, mais... laissez-moi essayer... Depuis que
» je vous ai vu, j'ai repris des forces. »

Des larmes voilaient maintenant le regard de Dobeln :
En ce cas, noble peuple, au combat ! temporiser ne pro-
fite pas, la fête sera belle aujourd'hui ! car c'est la fête
de Dobeln. Partez, adjudant, le moment est venu. Que
sur la hauteur, dans la plaine, le long de la forêt, tout
notre front se porte en avant. Ce n'est pas ici, mais là-
bas, qu'aura lieu le choc. — En avant ! en avant ! la victoire ou la mort !

Ce cri vole dans des acclamations. La voix de
Standar dominait toutes les autres, et le vieux Nord battait sa caisse comme un tonnerre, et le jeune homme, à
la poitrine percée, marchait inondé de son sang. Dobeln
à cheval, l'épée nue, s'était mis lui-même à leur tête, et
avant que le soir eût amené l'obscurité, les forces russes
étaient partout bousculées. Adlercreutz était sauvé, sa
route libre.

.   .   .   .

« Les troupes ont déjà disparu de ce lieu où elles se
sont rencontrées.

» Sur le champ où l'affaire a été si chaude, un homme

est resté sous la sérénité du crépuscule. Son cheval d'armes est à côté de lui. Il est là tout seul, entouré de cadavres et de débris, sur une terre rouge de sang.

» Longtemps, longtemps, il écoute les chants de victoire dans le lointain. L'homme pâle regarde avec calme vers le ciel et ces paroles montent de ses lèvres : « Un » devoir est rempli, mes soldats sont vainqueurs. Mais il » m'en reste un autre et celui-là c'est le mien propre. On » m'appelle libre-penseur et je m'en flatte ; je suis né libre » et je pense librement ; mais je sais bien que, quel que » soit le but de ma pensée, c'est toi qu'elle cherche, toi » seul qu'elle trouve, ô toi dont la volonté trace les voies » de la vie ! C'est vers toi que se tournent mes regards » levés au ciel ; c'est ici, où je n'ai autour de moi que les » morts aux yeux fermés, que je puis te remercier sans » témoins. Tu m'as rendu ma patrie et mes amis à l'heure » où l'ombre descendait sur notre espoir. Toi qui vois » tout, tu sais ce que j'éprouve, tu sais si j'apprécie tes » bienfaits. Que l'esclave devant son dieu se prosterne » dans la poussière ! je ne sais pas ramper, je n'ai pas » appris à mendier, je ne sollicite ni faveur ni récompense. » Je suis heureux de me tenir devant ta face, le cœur » embrasé, le front haut : c'est là ma libre prière, ma prière » d'homme. Tu m'as donné la force de faire mouvoir des » masses de combattants, de les pousser de contrée en » contrée dans une marche irrésistible. Mon cœur est » brisé, mes membres tremblants... Qu'aurai-je fait, livré » à mes propres forces ? Oui, c'est ta victoire. Cernée, » renfermée, l'armée de Finlande voit s'ouvrir une route » vers le salut, une voie vers l'action, mais c'est toi, toi

» seul qui nous a délivrés! Mon Dieu, mon frère, de
» quelque nom que je t'appelle, toi qui nous as donné la
» victoire, je te remercie. »

» Ainsi parla cet homme. Il baisse les yeux, remonte
à cheval et disparaît.

» Le jour s'efface ; les pleurs de la nuit tombent sur
la moisson couverte des ombres de la mort.

» O patrie ! qui connaît tes destinées ? Ton avenir
renferme-t-il dans son sein la joie ou la douleur ? Mais
que tu aies à te réjouir ou que tu doives pleurer, tu
compteras à jamais cette journée parmi les plus belles
de ton histoire, tu n'oublieras jamais la journée de
Dobeln. »

Mais le patriotisme n'est qu'un des côtés, quoique le
plus important, de sa riche et bienfaisante nature. Il nous
reste à examiner sa pensée purement sentimentale et lyrique. Ses œuvres de début n'offrent, malgré leur charme,
qu'un intérêt relatif. Sous l'influence manifeste de Tegner,
le grand poète suédois, et des lyriques de l'antiquité, il
rime des choses fort délicates et d'un style impeccable,
mais sans originalité. Ce n'est que plus tard, lorsque le
besoin lui aura fait accepter une place de précepteur à
la campagne, qu'entrant en contact avec la vie paysanne,
il en sentira tout le charme et toute la force.

Tout en conservant aux tableaux qu'il va peindre la
rude saveur de terroir qui est leur caractéristique, il en
élèvera le caractère jusqu'au sublime, se plaisant à glo-
rifier la simplicité du paysan, son cœur pieux, content,
secourable au pauvre et par cela même encourageant les
énergies hésitantes et étant bien le poète, conducteur de

peuples, gloire et bénédiction pour la nation qui lui a donné le jour.

Il faut encore ici citer quelques fragments caractéristiques. Il est peu de choses plus belles, plus émotionnantes que ce court poème, *Le champ de Paavo*, dont nous donnons la traduction. Il faut évidemment faire abstraction de cette certaine monotonie de cantilène qui choque un peu ceux qui ne sont point familiarisés avec le caractère des gens du Nord. Cette répétition, ces répons scrupuleux paraissent au premier moment surcharger le récit, le faire traîner inutilement. Mais il faut se souvenir que la poésie scandinave est en général chantée ou dite avec accompagnement de musique, que le chanteur a le plus souvent un répondant qui reprend ses dernières paroles, comme pour graver définitivement le récit dans l'attention des auditeurs et surtout que chez les Scandinaves la rapidité d'imagination et de compréhension est sinon plus lente, du moins volontairement retardée. Il leur faut pour croire une certitude presque absolue, et leur réserve constante est une attitude de défensive contre la crédulité ou l'erreur. Ainsi s'expliquent les lenteurs et les répétitions qui choquent les méridionaux d'intelligence plus facile, mais plus superficielle. Mais ces réserves faites, il est temps de laisser la parole au poète.

Le champ de Paavo.

Tout près de la lande de Sarrijarvi habitait
Paavo dans sa ferme visitée par la gelée,
Il cultivait son champ d'un bras vaillant
Mais attendait du Seigneur qu'il fructifiât.

Il habitait là avec femme et enfants,
Mangeait en sueur son pauvre pain avec eux,
Creusait dans son champ des sillons, le soignait et l'ensemençait.

Quand le printemps vint, la neige fondit sur le champ
Entraîna avec elle la moitié de ses semailles.
Quand l'été vint, la grêle tomba
Et détruisit l'autre moitié de sa récolte.
Et à l'automne le froid prit le peu qui restait.
L'épouse de Paavo s'arrachait les cheveux et disait :
« Paavo, Paavo, vieil oiseau de malheur,
Prends ton bâton, Dieu nous a repoussés,
Il est dur de mendier, mais il est plus dur de mourir de faim. »
Paavo prit la main de sa femme et dit :
« Ecoute, Dieu nous éprouve seulement, il ne nous repousse pas.
Mélange ta farine par moitié d'écorce,
Je creuserai le double de sillons
Et j'espère que Dieu nous donnera la récolte. »

Sa femme mélangea l'écorce à la farine,
Paavo creusa le double de sillons
Et acheta des graines en vendant ses moutons.

Quand le printemps vint, la neige fondit,
Mais n'entraîna pas les semailles.
Quant l'été vint, la grêle tomba
Et elle n'enleva que la moitié des récoltes.
Pourtant quand l'automne vint,
Le froid détruisit ce qui restait.
La femme de Paavo se frappa la poitrine et dit :

« Paavo, Paavo, vieil oiseau de malheur.
Laisse nous mourir. Dieu nous a repoussés,
Il est dur de mourir, mais il est plus dur de vivre. »
Paavo prit la main de sa femme et dit :
« Vois, Dieu nous éprouve, mais ne nous repousse pas ;
Mélange deux fois plus d'écorce à ta farine,
Je ferai des sillons deux fois plus profonds
Et j'espère que Dieu nous donnera la récolte. »

La femme de Paavo mélangea deux fois plus d'écorce à la farine,
Paavo creusa des sillons deux fois plus profonds
Et acheta des semences en vendant la vache.

Quand le printemps vint, la neige fondit sur le champ
Mais n'entraîna pas les semences.
Quand l'été vint la grêle tomba
Mais laissa la récolte sur pied,
Et aussi à l'automne le froid
Ne toucha pas aux épis dorés.

Alors Paavo tomba à genoux et dit :
« Le Seigneur Dieu éprouve seulement, il ne repousse pas. »
Et sa femme tomba à genoux et dit :
« Oui, le Seigneur Dieu éprouve seulement, il ne repousse pas.»
Et pleine de joie, elle dit à son vieux mari :
« Paavo, Paavo ! vite à la moisson,
Il est temps maintenant de vivre des jours heureux,
Il est temps maintenant de laisser là l'écorce
Et de cuire du pain de pure farine. »

Paavo prit la main de son épouse et dit :
« Femme, il n'y a que celui qui dans la peine
Ne repousse pas son semblable
Qui peut supporter l'épreuve.
Mélange par moitié l'écorce à ta farine :
Le champ du voisin a gelé cette nuit. »

Il se mêle ainsi un désir d'influence moralisatrice à
l'œuvre d'inspiration et de poésie, et c'est bien là le
véritable caractère du génie de Runeberg. A son contact
l'histoire comme la nature se subliment dans un épa-
nouissement parfait de bonté, de dévouement et de
beauté. Et je citerai à cet égard une autre page, très
courte, délicieuse par ses côtés sentimentaux et descrip-
tifs, page extraite d'une idylle qui porte le titre d'*Hanna*.
Roman certes banal, puisque ce n'est que l'histoire d'une

jeune fille que son père veut marier au vieux bailli, mais qui aime un jeune homme, camarade de son frère, qu'elle épouse d'ailleurs.

Mais Gœthe n'a-t-il pas écrit *Hermann et Dorothée* et n'en a-t-il pas fait un chef d'œuvre ?

La jeune fille raconte la mort d'un vieux pêcheur du voisinage :

« Un soir j'errais seule sur le rivage, attirée plus loin qu'à l'ordinaire par le parfum des bouleaux et des fleurs nouvelles ; je me trouvais sans m'en être aperçue tout près de la cabane.

« Le bateau est à l'aterrage, les filets suspendus aux chevilles, le vieillard est chez lui, pensai-je, et je voulus lui dire bonjour avant de continuer ma route. J'entrai. Tout seul couché sur son lit de paille il semblait reposer. Ses yeux étaient plus languissants, ses joues plus pâles. « La froide mort, me disais-je, a déjà bleui son visage. » Pourtant quand je m'avançai avec précaution vers le lit, il souleva la tête pour me reconnaître et me saluer, s'assit sur son séant et me demanda un verre d'eau. Je courus plonger un verre dans la source et revins donner à boire au mourant. Quand il eut bu et que, sans parler, je retirai le verre de sa lèvre, ma main dans sa main tremblante : « Quand vous allez sortir, me dit-il, laissez » la porte ouverte... que je puisse sentir la fraîcheur du » soir et revoir encore une fois avant de mourir la verdure » et les flots.» Si peu utile que je lui fusse, je ne pouvais partir et laisser ainsi cet homme sans secours dans un pareil moment. J'ouvris la porte et m'assis à côté de lui. L'air se précipitait par bouffées dans la chambre. On

entendait la mouette chasser et appeler le long du rivage ;
le golfe était clair, à peine plissé en cercles brillants par
les sauts des poissons qui jouaient à sa surface. Est-ce
un sourire que je vis passer dans ce regard qui s'éteignait ? Etait-ce un rayon de joie ou une illusion ! mais ce
regard faiblit presque aussitôt, la tête s'inclina sur l'é-
paule et la vie s'envola avec son cortège de joies et de
soucis. Je quittai la cabane le cœur oppressé, je fer-
mai la porte, et ce n'est que dehors que je pus m'arrêter
et prier pour le repos de son âme. Ce vieillard mourant
n'a pourtant point laissé de sentiment de tristesse dans
ma mémoire. Non, il me rappelle plutôt l'impression que
laisse le lac, dans un soir d'été, quand les vents sont
tombés, que le soleil a retiré sa clarté, et que les flots,
las de se balancer, semblent s'étendre et devenir unis
comme un miroir. »

L'œuvre de Runeberg n'est point considérable, mais
elle a avant tout ce caractère qui rend les œuvres
classiques, à savoir la conformité avec le génie et les
aspirations nationales ; une œuvre, et cela semble à première vue un paradoxe, n'entre dans la littérature inter-
nationale qu'autant qu'elle s'est affirmée proprement et
hautement nationale. Nul n'est plus Anglais que Shakes-
peare et nul n'est plus russe que Tolstoï. La dénationali-
sation du monde, la suppression des frontières, le rêve
d'une humanité une dans sa langue et son caractère par
la fusion des races et la suppression des patries ne peuvent aboutir qu'à une décadence artistique et littéraire
aussi certaine que déplorable.

La centralisation et l'unité à outrance sont l'erreur la

plus fâcheuse de l'époque contemporaine et si le principe des nationalités défendu par Napoléon III fit faire à cet empereur certaines fautes politiques il n'en demeure pas moins la pensée la plus forte et la plus défendable de son règne malheureux. Le progrès de l'humanité ne peut actuellement se faire que par la décentralisation ; et le principe républicain mettant en action le système provincial ou celui de confédération d'Etats assure et assurera toujours à ceux qui le pratiquent le maximum de bonheur et de succès.

Non seulement cette organisation fait bénéficier la collectivité d'une division intelligente du travail, mais elle permet l'émulation, qui n'est possible que dans un cercle proportionnellement restreint, enfin par la nécessité à laquelle elle accule les petites nationalités de n'avoir recours qu'à elles-mêmes, elle les oblige à préciser davantage leurs qualités particulières et à mettre au jour le maximum de vertus et de génies dont elles sont dépositaires.

C'est une erreur très profonde que de croire que les individualités géniales sont à ce point prédestinées que l'influence du milieu est sur elles nulle ou presque insensible. La corrélation entre l'artiste et son temps, entre l'éducation, les mœurs, les circonstances politiques ou sociales et l'inspiration est telle qu'il n'est presque point d'exemple du contraire.

Si tous les documents historiques venaient subitement à disparaître, les documents littéraires suffiraient pour récrire l'histoire morale et politique d'un peuple durant la période correspondante.

L'œuvre de Runeberg permettrait, à ce point de vue, de saisir le peuple finlandais au début de son mouvement ascensionnel, au plein de son magnifique effort vers la réalisation des espérances puissantes de la nation.

Nous avons ainsi parcouru les deux premiers stades. Des origines à 1808 avec le Kalevala, et nous y avons trouvé les vertus propres à la race, de 1808 jusqu'au milieu du dix-neuvième siècle: les débuts de leur mise en œuvre. Nous allons maintenant, avec les auteurs contemporains qui ont suivi Runeberg[1], pouvoir juger des résultats obtenus.

* * *

L'effort tenté par Runeberg en vue d'un éveil décisif de la conscience nationale, devait bientôt montrer son caractère pour ainsi dire prophétique et urgent. L'heure du danger approchait, mais l'agresseur trouverait maintenant devant lui un peuple conscient de son individualité, uni par une tradition qu'il avait enfin comprise et à laquelle il se rattachait.

Les poètes et les écrivains qui allaient venir après ce grand conducteur, comprenant la noblesse et la force de leur tâche suivirent, sans s'en écarter d'un pas, le plan social qu'il leur avait tracé: développer, en les raisonnant, les vertus morales inhérentes à la race; chanter le

---

[1] Nous avons volontairement passé sous silence les contemporains de Runeberg tels que *Topelius, Cygnaeus, Nervander,* non pas que leur œuvre soit sans valeur; mais faisant ici une étude de la littérature finlandaise dans ses lignes générales et non une histoire détaillée des principaux littérateurs et poètes, nous devons nécessairement nous borner aux protagonistes, aux hommes représentatifs d'une époque ou d'une tendance.

sol natal, sublimer l'idée de patrie. Ici encore, dans l'œuvre d'un homme, nous allons trouver ces caractères réunis. Et en nommant Juhani Aho, et en bornant cette étude à lui seul, je fais les mêmes réserves que tout à l'heure en faveur de Ahrenberg, Lybeck, Adolf Paul, Reuter, Helena Westermarck, Zilliacus, Minna Canth, Reijonen, etc., qui mériteraient certes mieux que cette simple mention. Mais, je ne puis pourtant passer sous silence toute une autre catégorie d'écrivains contemporains, moins grands que Juhani Aho, mais eux aussi, hautement typiques et d'autant plus intéressants qu'il ne sont pas les descendants de quelque hérédité familiale, qu'ils ne doivent rien à l'éducation universitaire, mais sont la résultante d'un siècle de développement ethnique. Ce ne sont point de ces rares orchidées longuement et minutieusement soignées dans la tiédeur d'une serre, mais d'humbles fleurs des champs que nul n'a semées ni surveillées, mais qui ont poussé là, parce que le sol avait été rendu fécond par d'incessants labeurs. Je veux parler des paysans-poètes. Ces dernières années en ont vu un grand nombre en Finlande et rien ne me paraît plus caractéristique comme preuve du développement intellectuel de la race. Un peuple jeune ne peut vraiment prétendre à la maturité que lorsque de tels phénomènes se manifestent dans les couches les plus basses de sa population. C'est alors le signe que la pénétration est complète et que la grande moisson est proche.

L'un des plus typiques entre ces poètes est Pietari Päivärinta.

S'étant un jour cassé la jambe il dut, fort longtemps,

garder le lit et pour occuper son temps se mit à écrire *Sa vie*.

Fils d'un ouvrier extrêmement misérable, obligé d'aller mendier de porte en porte, à douze ans il gagnait déjà son pain; à vingt ans il se mariait, devenait domestique et sa femme servante, puis, avec des économies, achetait un petit champ et bâtissait une cabane. Mais, la misère vint, la gelée détruisit la pauvre petite récolte. Grâce à sa belle voix il put trouver une place de chantre dans une église. Son caractère énergique le fit apprécier de ses compatriotes qui l'envoyèrent comme représentant du village au landtag. La vie politique lui fit contracter des habitudes d'ivrognerie, il battit un jour sa femme, eut des remords et se sauva par l'abstinence.

Son livre contient le récit de tout cela. Trois idées maîtresses s'en dégagent. La première est l'apologie de la petite culture. La propriété divisée assure à la terre le plus fort rendement, chacun luttant désespérément pour le petit champ qui lui appartient. La seconde est un plaidoyer contre l'alcoolisme, et la troisième, la louange du mariage. La présence de la femme aux côtés de l'homme, dans la lutte de la vie, est la source même de la force et du bonheur.

Comme tous les poètes-paysans finlandais, Païvärinta est religieux et ses idées sur les devoirs et les actes de la vie sont profondément imprégnés de morale chrétienne. L'amour du prochain est à la base même des actes sociaux. A côté de Païvärinta nous trouvons d'autres poètes: Heikki, un ancien valet de ferme, Filander, qui achetait et vendait des terrains, Meriläinen, forgeron,

Juhana Kokko, garde-forestier, Eero Sissala et Otto Tuomi, deux paysans. Tous ont donné de la vie populaire un tableau des plus exacts et leur œuvre mériterait, à elle seule, une étude de l'étendue de cet essai.

Juhani Aho, dont il me reste à parler maintenant, n'a pas d'autre origine que les précédents.

Fils d'un petit pasteur[1] de campagne, Juhani Aho se destina très jeune aux carrières libérales, fit ses études à l'université et devint journaliste. Ses premiers travaux littéraires furent des études très brillantes et vraies de la vie populaire. Dans ses récits : *Quand le père acheta la lampe,— Le chemin de fer*, il sut montrer, avec beaucoup d'esprit et d'exactitude, la révolution que les inventions modernes provoquèrent chez les paysans. Puis, le cercle de ses observations s'étendit. Il prit ses modèles dans la bourgeoisie moyenne. Il donna *La fille du pasteur*, où il montre une âme de jeune fille opprimée par une vie privée de joies, dans une société bien intentionnée, mais étroite. Un long séjour en France, l'étude de nos stylistes français lui donnèrent l'élégance qui lui manquait encore.

Les Finlandais se choquèrent bien quelque peu de son naturalisme parfois violent, mais ne purent nier son incomparable talent descriptif. Ils allaient d'ailleurs bientôt bénir cet écrivain qu'ils avaient un instant repoussé. A l'heure du danger, il se révéla un admirable lutteur, mettant tout ce qu'il avait de génie poétique au service de la patrie, relevant, encourageant, entraînant ses com-

---

[1] Les Finlandais sont, sans exception, protestants luthériens. Ce serait même une des principales raisons pour lesquelles la Russie orthodoxe les persécuterait.

patriotes. Ainsi, à plus d'un demi-siècle de distance, à l'instant précis où une telle intervention était nécessaire, deux poètes s'étaient trouvés présents au premier rang de la bataille. La victoire avait récompensé les efforts du premier, pourquoi ne sourirait-elle pas aussi au second? Devant l'action de tels hommes on apprécie plus fortement la noblesse de l'art littéraire : ils en reculent les limites. Non seulement ils contribuent à enrichir le patrimoine de gloire nationale, mais ils se montrent, autant sinon plus utiles, que les politiciens et que les chefs d'armée. Juhani Aho a écrit, dans ces dix dernières années, une cinquantaine de courts récits d'un sentimentalisme et d'un idéalisme très aigus qui, très rapidement répandus dans le peuple, n'ont pas peu servi à l'enthousiasmer et à lui rendre un courage faiblissant dans l'adversité.

C'est un choix de ces poèmes, car c'est le titre que méritent vraiment ces nouvelles, que nous présentons aujourd'hui au public. Ils sont, pour la plupart, d'un symbolisme assez transparent pour qu'il soit inutile d'avertir le lecteur. Certains, cependant, faisant allusion à des faits plus précis, nous avons cru bon d'indiquer, par des notes, leur véritable portée. On pourra, de cette façon, suivre pour ainsi dire pas à pas l'histoire politique de la Finlande dans ces dernières années.

La liberté complète dont jouissent nos auteurs, journalistes et pamphlétaires, nous rend difficile l'appréciation exacte de ces écrits tendencieux. Mais, que l'on se reporte aux temps moins généreux de l'Empire et que l'on se souvienne des *Propos de Labienus* et de leur extraordinaire succès, et l'on comprendra l'effet produit sur les Finlandais par la publication de ces récits à double entente que la censure n'osa interdire par crainte d'avouer qu'elle reconnaissait les personnages. Quel serait l'imprudent qui s'écrierait : « Vous parlez d'un criminel, vous avez évidemment pensé à moi? »

Les nouvelles de Juhani Aho ont donc cet intérêt d'actualité qui les rend curieuses à ce seul titre. Mais comme tout ce qui a été écrit ou fait dans un but déterminé, elles porteraient en elles le germe mortel qui s'attache aux choses passagères, si un souffle d'idéalisme et d'éternelle beauté ne les sauvait de ce sort implacable.

La cause que défend l'auteur se grandit au point de devenir celle de l'humanité opprimée tout entière. Ce n'est pas le plaidoyer d'un jour et d'une affaire, c'est l'éternel plaidoyer de la justice.

Que l'on se plaise à ignorer les notes, les explications, et l'on sentira, malgré tout, à la lecture de ces pages, le frisson des choses bienfaisantes et belles.

C'est ce point de vue plus largement humain qui nous a décidé à les faire connaître. Il n'est pas une parcelle de bonté et d'amour qui se perde à la surface du monde et si le poète ne parvient pas à sauver son peuple, il aura pourtant fait du bien au delà des frontières de son pays en élevant ou en relevant le courage de quelques-uns qui luttent, chez eux aussi, pour des causes difficiles et grandes. Qu'il soit ici remercié.

C'est, hélas ! la conclusion pratique que nous devons tirer de son effort généreux. Il avait rêvé d'être le chanteur qui détruit les murailles, qui, comme jadis Wainamoïnen désarme, par la seule puissance de son chant, le bras de l'adversaire. Les faits devaient démentir son espoir.

Les mesures d'oppression se font de jour en jour plus précises et plus cruelles, la Finlande ne sera bientôt plus qu'une expression géographique, mais le magnifique sursaut de ses poètes n'aura pas été vain. Il aura sauvé l'âme de ce petit peuple. Aussi la Russie pourra abattre tous les arbres, détruire les moindres buissons, arracher les jeunes pousses, mais les racines demeurent vivaces dans le sol, prêtes pour une nouvelle floraison quand la liberté reviendra.

Le deuil est sur la terre de Finlande, les nuages lourds de l'injustice et de l'oppression assombrissent l'horizon, le silence accablant des solitudes dans les interminables nuits d'hiver étreint l'âme du voyageur égaré. Il semble que sous la neige dorme quelque immense cimetière : le cimetière où reposent les espérances mortes de tout un peuple. Mais non, à la lisière de la forêt, au bord du lac, sur le flanc du coteau des lueurs roses s'allument aux fenêtres basses des cabanes. Le voyageur s'approche, il regarde, et là près du feu de sapin qui brille joyeusement dans l'âtre brune, deux paysans, deux pêcheurs, deux bûcherons, deux hommes, les yeux dans les yeux, les mains serrant les mains, chantent, accompagné des harmoniques du Kantele. Le voyageur écoute. Ils chantent sans doute depuis fort longtemps, car ils sont arrivés à la dernière rune du Kalevala où le vieux Wainamoïnen fait ses adieux à la vie.

« D'autres possèdent toutes les sciences, mais pour moi je n'ai point quitté la maison de ma mère, le foyer

de ma jeunesse. Tout petit garçon, dans notre chambre
étroite et basse, j'ai pris mes leçons auprès de ma douce
mère, assis à côté de mon frère sur un tas de copeaux,
vêtu d'une chemise noire de suie et toute en loque.

» Mais lancé sur mes patins, j'ai frayé la voie nouvelle
aux chanteurs, j'ai brisé la pointe des branches, ôté
l'écorce des arbres, et maintenant la route est faite, la
carrière est ouverte. D'autres chanteurs de runes plus
riches de chansons et meilleurs que moi y entreront et
ils chanteront pour la race jeune qui s'élève, pour les fils
de notre peuple. »

Le pays, qui tout à l'heure, semblait désert, silencieux,
lugubre, s'anime maintenant d'un long frisson, les petites
lueurs roses brillent plus vives et plus ardentes, comme
les étoiles d'une nuit d'été, les voix de milliers de
chanteurs cachés s'unissent, grandissent, s'épanouissent
dans un immense cri d'espérance, cette nuit d'hiver vibre
comme un matin de printemps, et l'on sent que tout ce
peuple, après des siècles de souffrance et de lutte, malgré l'oppression, malgré la douleur et malgré l'injustice,
poursuivra sa route fatidique vers un idéal supérieur,
sans rien perdre de son unité morale, ce qui est la seule
chose nécessaire et qu'il pourra, soutenu par le chant
grandiose et fort de ses poètes, attendre l'aurore certaine
de la justice, sans faiblir et sans désespérer jamais, car il
n'est jamais permis de désespérer de la justice.

René Puaux.

ENRIS

Enris signifie en suédois: genévrier. C'est le titre que Juani Ano a donné, non seulement à cette nouvelle, mais aux deux recueils d'où sont extraites toutes les suivantes.

Enris.

Attribuer au hasard seul notre présence sur cette
terre de Finlande et notre longue occupation, serait
une erreur. D'autres y sont venus chercher une demeure, mais leur équipage n'a fait que traverser la
cour pour rejoindre au galop la grille d'enceinte.
L'ongle du Lapon n'a rien su entamer de notre sol
et son petit traîneau l'a bien vite reconduit vers les
contrées où sa nourriture pousse d'elle-même sous
la neige. Les Suédois se sont emparés des côtes fertiles et riches, mais à deux milles dans l'intérieur des
terres ils n'ont plus trouvé que marais et désert et
leur invasion s'est arrêtée là. En ce qui concerne nos
amis de l'est, la terre où poussent les choux est la
seule où ait passé le soc de leur charrue. Enfin si des
géants ont jamais habité ces régions, c'est tout juste
s'ils ont jeté par ci par là quelques églises, puis s'en
sont allés, fatigués de ce jeu.

Les Finlandais auraient pu trouver quelque pays
plus riche, où coulât le lait et le miel; mais leur pen-

chant naturel semble les avoir toujours conduits vers les contrées les plus pauvres; ils ont, comme malgré eux, recherché les marais, les déserts et les landes, où la terre gèle jusqu'à trois pieds de profondeur. On a dit qu'ils y avaient été forcés par leur désir d'éviter toute domination, et l'on n'a pas eu tort. La liberté a toujours été la pensée dirigeante de leur vie.

Ils ont connu la vigueur de leurs muscles, et, là où un autre se fût brisé les reins, ils se sont redressés plus forts que jamais. Le soc a été leur épée et ils ont su si profondément conquérir le sol, avec son aide, que leur vainqueur n'a pu que reconnaître leur intime et indestructible union... Quelque nom qu'il ait porté, eût-il parlé suédois, danois ou russe, le sort des combats n'a pu ôter le champ de bataille de la Finlande aux Finlandais.

Pour les colons étrangers notre pays a été une noix trop dure à casser. Et il en sera toujours de même : si nous offrons notre sol à quelque étranger, en lui disant : « Tiens, viens le prendre ! » il refuserait, car il ne saurait qu'en faire. Que la paix revienne donc en nos cœurs, ayons confiance en l'avenir.

Nous pouvons écouter le bruit du vent qui passe dans le ciel avec le calme du genévrier sur la colline pierreuse. La foudre qui tombe des nuages brise les sapins et la plaine est couverte de leurs débris épars, elle frappe aussi le genévrier, mais sans l'atteindre dans sa vie. Les chevaux de guerre le foulent sous

leurs sabots pesants, les roues des canons inclinent
son front vers le sol, mais le genévrier ne se brise
pas; quand le bruit s'efface dans le lointain, l'arbuste
redresse son tronc court et robuste, une branche
chuchotte à sa voisine: « Pousses-tu par là, je pousse
par ici; » et bientôt l'empreinte des sabots et le sillon
des roues ont disparu.

Et si le conducteur de cette rafale revient le lendemain, il ne trouvera plus trace de son passage de la
veille, la route est plate et sans ornières et les gené-
vriers sont fiers et droits comme s'ils n'eussent jamais
été touchés.

Ceux de nos frères qui ont cherché des champs
plus mous et plus fertiles ont été plus durement
atteints quand la rafale a passé, mais notre prudence
nous a fait préférer cette roche où le genévrier seul
peut pousser.

Le Moïse qui nous a conduits sur cette terre promise connaissait certainement la force éternelle qui
vit dans la nature de genévrier de notre peuple.

1891.

LE VIEILLARD SUR LE CAP

Le vieillard, c’est le peuple finlandais ; le vieux baron, c’est
Alexandre Ier; le jeune, Nicolas II. Quand le vieux baron parle
de ses autres fermiers, il fait allusion à la Pologne ; lorsqu’il dit
que, de tous ses fermiers, le vieillard sur le cap est le seul qui
joigne les deux bouts, le fait est exact, la Finlande ayant un
budget jusqu’ici prospère.

Le vieillard sur le cap.

C'était un vieillard très original qui, sur bien des questions, se séparait des autres tenanciers du vieux baron. Il était court de taille, anguleux de forme, chassieux et les jambes arquées, laconique dans sa parole, lent dans ses actes et d'une amabilité relative. Il ne fréquentait point les autres vassaux du baron et n'avait point leur confiance.

Mais le vieux baron l'estimait et lui donnait ouvertement sa faveur. Il lui avait assigné pour demeure un cap, au bord du lac où s'élevait son propre château, et de là lui était venu ce surnom : le vieillard sur le cap.

Il y avait construit une demeure d'un genre étrange et inconnu. Aussi le baron, amateur acharné, avait-il l'habitude de faire conduire ses invités jusqu'à cette bâtisse, pour leur en faire apprécier la rareté. C'est ainsi que tous les seigneurs du monde purent voir cette chose dont rien n'avait pu encore leur donner l'idée. Ils virent une cabane qui formait à la fois un four et une étuve, sans en rien perdre de son agrément et de sa propreté, tant même qu'ils n'en pouvaient assez faire l'éloge. L'émotion finissait même par les gagner quand, assis près du vieillard, ils l'écoutaient émettre des idées calmes et raisonnables et ils déploraient de ne pouvoir demeurer sans cesse dans cet asile charmant par sa solitude et sa simplicité.

Les ouvrages du vieillard excitaient tour à tour leur admiration, surtout les coffrets en écorce, les bottes et les sacoches.

Le baron, conscient du mérite de son tenancier, mettait autant de fierté à présenter ces ouvrages de ses mains, que s'il en eût été le propre artisan. Et désignant le vieillard, il avait coutume d'ajouter que c'était là le seul de ses fermiers qui nouât les deux bouts sans réclamer son assistance et sans faire appel à sa charité.

— Cela vient de ce que ce bon vieux ne compte que sur ses propres forces, qu'il s'arrange à sa guise et qu'il jouit de la plus entière liberté d'action, et j'ai respecté cette liberté, disait le baron. J'ai bien essayé de cette méthode auprès de mes autres fermiers, ajoutait-il, mais ce fut sans résultat. Dans toutes leurs affaires ils avaient pris l'habitude de réclamer mes conseils; aussi ai-je plus de joie du seul vieillard sur le cap que de tous nos autres fermiers réunis.

En quittant la cabane, le baron attirait l'attention de ses hôtes sur une autre originalité du vieillard: son blason. Il avait cloué au-dessus de sa porte un ours, sculpté en bois, et cet emblème se dressait aussi plus loin, sur un mât de pavillon.

— Il se croit un peu noble,... il veut avoir, comme moi, ses armes ; je n'ai pas cru devoir lui refuser cette innocente satisfaction, étant donné surtout qu'il y a presque droit. A la place de cette cabane s'élevait jadis un sapin à la vaste ramure, sous laquelle un ours avait élu domicile. Le vieillard tua l'ours et me demanda la faveur de construire là une cabane de branchages pour le temps qu'il bâtirait sa demeure. Depuis ce jour, les bestiaux de ma propriété paissent sans inquiétude, et, en récompense de son exploit, je lui ai donné pour demeure ce cap, jadis partie de mon parc de chasse. Il y a seul le droit de chasse et de pêche, il nous fournit de gibier de plume et de poil en abondance, contre quoi je l'autorise à défricher et à faire des coupes de bois à sa guise. Il est le seul de nos fermiers à jouir de ce droit ; les autres grognent et le jalousent, ils viennent même braconner dans ses domaines, mais le vieux se fâche et porte plainte auprès de moi ; je lui donne raison, voyez-vous, car je veux voir respecter les droits et privilèges que je lui ai accordés. Si je meurs avant le vieillard, ajoutait le baron, j'espère que mon fils considérera ma volonté comme sacrée et laissera mon vieux fermier jouir jusqu'à sa mort de sa vieille liberté.

Le vieux baron mourut avant le vieillard sur le cap.

Le jeune baron, son fils, hérita du bien de ses ancêtres, y compris les fermiers. Le vieillard sur le cap regretta sincèrement son ancien maître et se souvint avec regret de sa bonté.

Il n'avait vu son nouveau maître que dans sa prime jeunesse, car les années d'adolescence s'étaient presque toutes passées en terre étrangère. Mais son âme, disait-on, était douce et charitable. Le jeune homme avait bien souvent croisé devant le cap dans son esquif de plaisance, mais il n'avait jamais abordé. Aussi le vieillard se sentit-il tout joyeux, quand, un beau jour d'été, il vit la barque bien connue quitter les marches du château et se diriger vers le cap. Ravi de voir le jeune baron rendre enfin sa visite au vieil ami de son père, il courut jusqu'au promontoire le plus avancé souhaiter la bienvenue à son hôte, et se tint prêt à saisir la proue de la barque pour faciliter son atterrissage entre les rochers.

Mais la barque n'aborda pas là où il l'attendait et passa devant lui, ayant à son bord quelques seigneurs jeunes et tapageurs. Au milieu de la barque, sur un banc surélevé, était assis l'un d'entre eux ; un officier, reconnaissable à son uniforme, était au gouvernail, tandis qu'un intendant tenait les rames. A l'avant, trois grands chiens tendaient le museau vers la terre, comme avide de partir en chasse.

La barque aborda dans la baie. Les chiens s'élan-

cèrent à terre les premiers, puis l'intendant que suivaient les seigneurs. Ils portaient tous des fusils et la
chasse était le but visible de leur voyage.

Pendant que le vieillard se demandait s'il devait
aller au-devant de la troupe ou l'attendre dans sa
cabane, les chiens se firent entendre et apparurent
aussitôt poursuivant un lièvre qui vint chercher asile
dans la cabane.

Mais les chiens l'y suivirent et, l'ayant saisi, le déchirèrent entre leurs crocs. Le vieillard reconnut son
lièvre apprivoisé, qu'il nourrissait durant l'hiver et
qui, depuis de longues années, demeurait à côté de
sa cabane.

Les seigneurs sortaient au même instant en courant
de la forêt. Aucun d'entre eux ne ressemblait au vieux
baron, jamais son fils n'aurait agi de cette façon, c'é-
tait donc quelques étrangers, aussi le vieillard, ne sachant retenir son indignation, les interpella-t-il avec
vivacité.

— Qui donc vous a permis de donner mes lièvres
apprivoisés en pâture à vos chiens ?

— Qui nous a permis ? s'écria l'un d'eux d'un air
surpris ; mais ne suis-je pas sur mes terres ? Mais toi, qui
donc es-tu ? Et qui t'a donné licence de demeurer ici ?

— On m'appelle « le vieillard sur le cap » et c'est
du vieux baron que je tiens ce privilège.

— Ne sais-tu donc pas à qui tu t'adresses ? Je suis
le nouveau maître !

— Il m'était difficile de le savoir, ne l'ayant jamais vu !

— Et bien, tu le vois maintenant !

— C'est le vieux fou, expliqua l'intendant, le vieux baron était dans le temps si familier avec lui qu'il semble avoir perdu toute notion du respect ! Il était une des « curiosités » de votre père regretté, mais il va falloir le réaliser, comme nous avons fait des autres collections du défunt baron.

Les jeunes seigneurs approuvèrent ces paroles, mais comme les chiens venaient de se lancer sur une nouvelle piste, ils coururent pour voir traquer la bête.

Le vieillard demeurait seul devant sa cabane, il entendait les coups de feu, le cri des lièvres et les aboiements des chiens se disputant la proie ; et il songeait à l'ancien temps, quand le vieux baron s'asseyait là, à cette place, louant à ses invités l'originalité de la maison et ses autres curiosités.

« Comment pourrais-je payer mon tribut de gibier, si ces messieurs le déciment eux-mêmes ? Les temps sont bien changés. »

Mais les coups de feu avaient cessé, la chasse était terminée, ces messieurs s'en revenaient, avec leurs chiens. Sans solliciter l'autorisation du vieillard, sans même lui adresser la parole, ils sortirent des bancs et la table de la cabane, et s'installèrent en plein air, déballant victuailles et flacons.

« Soit, se dit le vieillard, ils s'en iront quand ils auront déjeuné. »

Et il s'assit à l'écart, sur une grosse pierre. Il écoutait de loin la conversation.

— Huit lièvres en deux heures, pardieu, la chasse est bonne. L'endroit vaut qu'on y revienne, mais le pavillon de chasse me paraît antédiluvien !

— Oh! on le démolira, protestait l'intendant, mais je n'ai pas encore eu le temps de m'en occuper.

Au seul mot de « démolir, » le vieillard s'était dressé d'un bond.

— Démolir ? Puis-je demander ce qu'on veut démolir ?

— Ta bicoque, répondit l'officier en uniforme.

— Jamais! s'écria le vieillard,

— C'est peut-être toi qui nous le défends ?

— Non, mais le vieux baron. J'ai construit cette cabane de mes mains, et mon maître m'a donné sa parole que j'y pourrais demeurer jusqu'à mes derniers jours.

— Je fais dans mes domaines ce que bon me semble, mais pour ne point te léser, car je suis juste, je t'autorise à demeurer, comme garde-chasse, dans le pavillon que je vais faire construire, et sois reconnaissant, car c'est plus que tu ne mérites. Si tu n'es point content avec cela, rien ne te retient davantage dans ces lieux !

— Je ne quitterai pas ma cabane.

— Expulsons-le donc tout de suite, proposa l'officier.

Pontus, l'un des molosses, levait la tête et grondait.

— Excellence, interrompit l'intendant, ne faites donc pas à ce vieux fou l'honneur de vous occuper de sa personne.

— Laissons-le, puisque vous le voulez, mais c'est dommage, car on aurait réglé son compte en un tour de main !

Le jeune baron avait allumé un cigare, et les mains dans les poches, les jambes allongées commodément sous la table, goûtait la béatitude d'une bonne digestion. C'est alors qu'en levant les yeux il vit l'ours qui se balançait au haut du mât.

— Qu'est-ce cela ? Et là-bas au-dessus de la porte ? demanda-t-il.

— Ce sont ses armes, dit l'intendant, il se croit quelque peu noble.

— Encore une faveur du vieux baron ? Décidément mon père était un joyeux humoriste.

— Et cela, monsieur l'intendant, faut-il aussi le respecter ? s'écria l'officier ; vous permettez... à moins que vous-même....

Et il tendait son fusil à l'intendant.

— Mais non, faites !

L'officier épaula et l'ours tomba du mât ; d'un second coup bien ajusté il fit subir le même sort à l'autre emblème qui surmontait le chambranle de la porte.

— Deux ours et huit lièvres, quelle chasse ! mettez les deux ours dans le carnier !

Et tout le monde de rire de cette excellente plaisanterie !

La cabane ayant attiré leur attention, ils s'approchèrent pour l'examiner de plus près. Ils se passèrent de main en main toutes les curiosités du vieillard, ses coffrets en écorces, ses souliers, etc. Ils n'avaient jamais vu tant de sottes inventions ! La cabane avec son fourneau, ses murs noirs, son plafond couvert de suie leur paraissait un monstre de laideur et de stupidité.

— Qu'est-ce que cela peut bien faire à ces messieurs, du moment que je m'y plais ? crut devoir observer le vieillard.

Mais personne ne l'entendit.

— C'est une honte qu'une aussi hideuse baraque dépare un des plus jolis coins du parc, fit observer quelqu'un, tandis qu'un pavillon de chasse moderne, avec ses balcons et ses belvédères, siérait à ravir ici, comme vis-à-vis au château.

— Mais, c'est chose décidée, la cabane est condamnée à disparaître, je vous l'ai dit, fit remarquer l'intendant, presque offensé qu'on pût croire qu'il voulût laisser subsister cette masure.

Et l'économe promit que ce nid de corneille ne serait plus en place le lendemain.

* * *

.La chose n'était pourtant point aussi facile qu'il l'avait cru, et cette affaire l'ennuyait au delà de toute expression. L'intendant dut rendre compte qu'on ne pouvait exproprier sans jugement régulier.

— Procurez-en un sur-le-champ.

— Mais les assises n'ouvrent qu'à l'automne.

— Demandons une session extraordinaire.

La session extraordinaire eut lieu, mais comme le vieillard pouvait prouver que le vieux baron l'avait autorisé à demeurer dans sa cabane, le seigneur perdit son procès en première instance ; il fit appel, mais perdit en appel. Par contre, la cour suprême décida que, vu la non-présentation par le vieillard d'un acte signé et enregistré, la cabane sise sur le domaine du plaignant lui appartenait de droit et pouvait être démolie à son gré.

L'intendant envoya donc un contremaître et des serviteurs pour expulser le vieillard sur le cap, mais ils s'en retournèrent rapportant que le vieillard avait refusé d'obtempérer aux ordres de la cour suprême, soutenant qu'un seul avait le droit de revenir sur la parole jurée, que c'était le vieux baron et qu'il était mort, donc....

— Nous serons obligés d'employer la force ! Arrachez portes et fenêtres ! ordonna l'intendant.

Mais le lendemain il trouva le vieillard accroupi au

coin de l'âtre chaudement serré dans sa fourrure en peau de mouton.

— Enlevez le toit, cria-t-il, et s'il ne veut pas déguerpir, abattez les murailles !

On exécuta ses ordres ; mais quand il vint, le matin suivant, juger du résultat, il trouva le vieillard toujours au coin de son fourneau ; il avait même eu trop chaud cette nuit-là !

— Ferez-vous aussi démolir mon fourneau ?

L'intendant le fit démolir. Le vieillard dut se résigner, fit ses paquets et quitta les ruines de son ancienne demeure.

Mais il n'alla pas très loin.

— Vous avez démoli ma cabane, dit-il à ses persécuteurs, mais vous n'avez pas l'intention, que je sache, de démolir aussi mon cap ?

Le contremaître et les serviteurs le regardèrent avec effarement déposer son petit bagage au pied du grand pin qui s'élevait derrière la cabane, allumer du feu et ramasser une couche de branchages.

— Tu comptes rester là ?

— Ce ne sera pas la première nuit que j'y passerai ! C'était le repaire de l'ours, de celui que j'ai tué pour le bien du bétail qui paît en ce domaine. J'emménageais alors de l'abri à la cabane, je déménage maintenant de la cabane à l'abri. Mes compliments à l'intendant, dites-lui donc qu'il y a de nouveau un ours sous le grand pin et qu'on ne l'aura pas vivant·

Le contremaître rendit compte de sa mission : le vieillard était expulsé, mais il ne transmit point son message.

L'intendant eut un soupir de soulagement quand il apprit que cette désagréable histoire était terminée. Enfin ! car le bruit de toute cette affaire avait péniblement impressionné les paysans du domaine et même ceux des paroisses voisines, et tout le monde, excepté quelques intendants qui avaient des aventures de ce genre sur la conscience, donnait raison au vieillard sur le cap. L'intendant n'était pourtant pas complètement tranquille, il avait peur que le jeune baron ne vînt à savoir la vérité sur les procédés employés !

Le nouveau pavillon de chasse ne fut jamais construit.

Les finances du domaine avaient trouvé un emploi plus urgent.

Et l'on oublia peu à peu le « vieillard sur le cap. »

* * *

Mais le lendemain de son expulsion celui-ci s'était courageusement mis à la tâche ; l'intendant, dans sa hâte, ayant oublié de détruire les fondations, le travail se trouva considérablement facilité. Il remit les anciennes poutres à leur place primitive, remplaça celles qui se trouvaient trop usées et put employer presque toute l'ancienne écorce à la couverture du toit. La cabane se trouva de tous points semblable à l'ancienne, mais une cheminée assurait plus parfaitement la ventilation du foyer et les fenêtres étaient plus largement ouvertes.

Personne ne vint déranger le vieillard. Le contre-maître et les serviteurs avaient bien reçu l'ordre de démolir l'ancienne demeure, mais qui donc avait défendu au vieillard d'en reconstruire une nouvelle? Lorsque le toit fut posé, le vieillard transporta de son abri sous le pin son modeste bagage dans la cabane. Et quand tout fut en ordre comme autrefois, il releva le mât du pavillon qui gisait devant la porte et fièrement à l'aurore nouvelle l'ours héraldique s'y balançait dans la brise.

1899.

TROIKA

Cette nouvelle a une double signification, la première toute
concrète se rapporte aux ordonnances russes prescrivant pour
les cochers finlandais la même tenue que celle de leurs con-
frères de Saint-Pétersbourg.

La seconde, plus générale, cherche à faire comprendre aux
Russes que leurs habitudes ne sont pas compatibles avec les
mœurs finlandaises et que les routes de la législation finnoise
ne sont pas accessibles aux troïkas des ministres russes.

Troika.

C'était par un soir de fête, quelques jours après la
grande tourmente de neige. Nous glissions doucement
sur le verglas, chaussés de nos skis, et nous étions
d'accord pour reconnaître qu'il n'y avait point de
meilleur système de locomotion pour suivre ce chemin rendu presque impraticable par la neige. Tout à
coup un bruit singulier nous parvint aux oreilles
venant de la route devant nous et le grelot habituel
aux courriers se pouvait distinguer parmi les cris et
le vacarme.

Notre première idée fut que deux voyageurs avaient
dû se rencontrer et se disputaient le passage, mais,
arrivés au lieu de l'incident, notre surprise fut vive
en constatant qu'un seul homme était cause de tout
ce tapage. Il est vrai que l'individu n'était pas banal
et que c'était bien la première fois qu'il nous était
donné de rencontrer pareil équipage dans ce pays.

Il y avait là, à moitié versé dans le tas de neige,
un traîneau à capote, large comme un navire et dont

le fond était occupé par un monsieur fort gras, dont la barbe opulente cachait à demi des boutons métalliques et brillants. Sur le côté du traîneau se trouvait le cocher, enfoncé jusqu'à la ceinture dans la neige. Il était coiffé d'un bonnet de fourrures et vêtu d'un large caftan à manches longues. Plus il essayait de se sortir de la neige et plus il enfonçait.

L'attelage se composait de trois chevaux, deux grands et un petit. Le petit avait de la neige jusqu'au poitrail et restait en travers de la route, les deux grands disparaissaient sur les côtés jusqu'à l'encolure.

Le timon était cassé et les rênes embrouillées.

Le monsieur, qui ne savait que sa langue maternelle, rugit quelques mots étranges au cocher. Celui-ci, qui connaissait un peu le finnois, injuria les chevaux qui, à force de se débattre, étaient écumants et semblaient renoncer à se dégager; il injuria le traîneau, dont l'un des patins était profondément enfoui, il injuria le chemin impraticable pour son attelage, il injuria en passant son maître et finit par nous injurier, comme il était logique, pour tenir nos routes en si mauvais état.

— Maudits chameaux! cria-t-il, je l'avais bien dit, quand nous sommes partis, que nous n'arriverions pas avec un tel attelage.... ah oui! la chouette voiture! (et en montrant son maître) le patron croyait probablement qu'on allait se promener sur la perspective Newski! A chaque verste, pan! dans le fossé! et vous voilà, vous, coqs finlandais, brutes de paysans! qui ne tenez pas vos chemins en état pour que les messieurs puissent passer·... Barine! Barine! que faut-il faire?

Le Barine grommela quelque chose d'incompréhensible.

. . . .

— Il menace de vous battre, et vous ne l'auriez pas volé! Pourquoi n'aidez-vous pas? Entendez-vous, têtes de bois? Remettez le traîneau sur la route, redressez les chevaux!

Nous, les paysans, nous regardions tranquillement cette curieuse comédie, mais pas un de nous ne bougeait pour coopérer au sauvetage.

L'un de nous cependant demanda:

— Peut-on savoir où vous allez? Ou bien êtes-vous venus seulement pour essayer l'état de nos routes?

— Pour essayer vos routes! cria l'homme au caftan, je vais vous y faire goûter, à vos routes!

Et il s'avança brandissant son fouet; mais ·l'autre avait levé son bâton de ski et la mèche lancée s'y enroula de telle sorte que le fouet fut arraché des mains du cocher qui retomba sur le dos dans la neige.

— Relevez-moi, imbéciles! commanda-t-il.

Mais les hommes lui gardaient rancune d'avoir voulu faire usage de son fouet.

— Reste-là jusqu'à ce que ton sang se refroidisse un peu, cela te fera du bien, on n'emploie pas ces armes-là contre les hommes, chez nous. On arrive plus vite avec un peu de politesse et des mots convenables.

Le cocher échangea de nouveau quelques mots avec son maître qui disparaissait dans ses fourrures, empaqueté entre des coussins et des plaids si bien qu'il ne pouvait que rouler ses gros yeux et hausser légè- ment les épaules.

— Monsieur vous ordonne d'ouvrir immédiatement le chemin avec des pelles. Si vous obéissez, le Barine vous pardonnera d'avoir tardé à le faire!

— Ouvrir le chemin! ah! ah! mais il est comme ça dans toute la Finlande jusqu'en Laponie! dit quelqu'un.

— Plus vous avancerez, pire ce sera! fit un autre.

Le cocher se grattait l'oreille.

— A travers toute la Finlande.... sapristi!

— Il vaudrait peut-être mieux que vous retourniez d'où vous venez ou que vous attendiez ici jusqu'à l'été.... L'été arrivera peut-être avant que les chemins soient tous praticables, si même ils le sont jamais....

— Il ne s'agit pas de retourner, mais d'avancer et de suite!

— Essayez alors! le chemin est tout droit devant vous; il n'est pas empierré, mais il n'y a qu'un ennui, c'est qu'on enfonce un peu....

— A travers toute la Finlande.... grommela le cocher,... couverte jusqu'en Laponie..., et de mal en pis.... mille tonnerres !

— Avez-vous une commission urgente? Enfin pourquoi vous êtes-vous mis en route?

— Tends la main pour m'aider à me relever, bonhomme! mets-moi sur la route, allons, c'est bien! Puh! Huh! une commission urgente: ah aouah! le patron s'est mis en route pour montrer son équipage et voilà tout! Les messieurs finlandais se vantent toujours de leurs chevaux et de leurs traîneaux, et le patron prétend que les siens sont meilleurs et ses harnais plus brillants. Aussi il est venu les montrer. « Je leur apprendrai à se vanter, disait-il. » Et comme justement il était tombé beaucoup de neige....

— Il en est même tombé un peu trop.

— Mais avec ce traîneau-ci on n'arrive jamais : on enfonce à chaque pas !

— On n'arriverait déjà pas pendant un hiver ordinaire, aussi, dans un comme celui-ci!!...

— C'était bien ce que je disais.... Nous n'arriverons jamais au bout en Finlande avec un traîneau comme celui-là, je le disais et lui répondait qu'il fallait arriver. Alors, comme je ne pouvais pas répliquer, nous sommes partis; et voilà. Maintenant il le voit bien lui-même, mais sa dignité lui interdit d'en convenir et de reculer.

— Est-ce que sa dignité lui permet de rester assis là où il est tombé ?

A ce moment le barine cria quelque chose que le cocher nous traduisit.

— Il me dit de continuer de vous injurier et de vous menacer. Si sa colère était sérieuse, il resterait ici tout l'hiver barrant le chemin pour tout le monde, mais si vous semblez avoir peur, si vous pliez humblement les genoux et lui dites : « Bon maître, sois miséricordieux et va-t-en, pardonne-nous le mauvais état du chemin, vénéré barine, pour toi le chemin sera toujours ouvert.... » Alors il vous quittera.... C'est le moyen que j'emploie moi-même pour obtenir quelque chose.

— Si on s'en allait? proposa celui qui avait parlé en notre nom, qu'il reste là ou qu'il s'en aille, cela nous est après tout bien égal.

Le cocher était revenu sur nous, et d'un ton assez vif : — Si la route est couverte de neige, c'est pourtant bien votre faute. Voilà une semaine que la neige est tombée et vous n'avez pas touché une pelle, cela n'est pas dans l'ordre.

— L'ouragan n'est pas de notre faute, le nuage est venu de l'est, de chez vous, c'est à vos sorciers qu'il faut s'en prendre. Enfin, si vous parlez doucement, on pourrait tout de même vous aider, mais si vous voulez nous y contraindre ! rien de fait !

— On vous y contraindra pourtant !

— Votre traîneau n'a pas la largeur réglementaire. Il n'est pas permis en Finlande de circuler avec un traîneau qui prend toute la largeur de la route. Les ordonnances portent qu'il faut laisser la moitié du chemin pour les véhicules venant en sens inverse.

— Ne soyez pas bêtes !... Ne voyez-vous pas

comme il louche.... Il arrivera malheur si vous vous entêtez.... Je connais assez les messieurs de Péters- bourg pour les avoir longtemps servis.... ils se fichent pas mal de vos ordonnances ! Ils ne diminuent pas la largeur de leurs traîneaux à cause de vos routes, ce serait bien plutôt à vous à élargir vos routes,... faites donc, mes bons amis, comme je vous en prie, je ne vous donnerais pas de tels conseils si je ne savais pas.... c'est pour vous.... venez à Juqermanland et vous verrez !

— Laissez-nous réfléchir.

— S'il se fâche, le diable sait ce qu'il fera ! Il serait peut-être plus prudent de l'aider et d'aller chercher des pelles !

Mais celui qui avait parlé pour nous, un vieux, s'emporta :

— Jamais, te dis-je ; un auquel on cède et en voilà dix qui vous tombent sur le dos ! Ouvrir le chemin pour celui-ci, c'est l'ouvrir pour tous, c'est l'obliga- tion de rester sa vie durant au bord de la route, une pelle à la main ! Laissons-le là !

— Parfaitement, laissons-le là !

Nous avions déjà planté nos cannes dans la neige, prêts à partir, mais le monsieur dans le traîneau mani- festait de l'anxiété. On l'entendait converser avec son cocher et sa voix semblait plus amicale.

— Non, ne partez pas, cria le cocher, monsieur vous prie de l'aider.... Non, non, ne partez pas ! Ecoutez donc quand on vous parle aimablement....

— Charmant de vous entendre sur ce ton! Vous auriez mieux fait de commencer par là; allons, les gas!

Redresser les chevaux, remettre le traîneau sur la route fut l'affaire d'un instant. Le monsieur ne parut pas s'apercevoir qu'on avait replacé le traîneau dans son ornière. Après s'être concerté nous tirâmes le traîneau avec son voyageur jusqu'à la ferme la plus proche, car il n'y avait pas moyen d'atteler sur la route.

Arrivé dans la cour, on examina l'équipage et l'on s'aperçut qu'il était dans un piteux état, il ne fallait pas songer à le laisser repartir ainsi. A l'exception des rênes et du harnachement de la tête, tout était brisé et déchiré.

Le cocher en fit part à son maître, lui demandant de pouvoir emprunter aux fermiers un attelage plus petit. L'autre devait rester là. Le fermier y consentit et fit sortir de la remise son traîneau du dimanche.

— Asseyez-vous, barine, la place est suffisante, même pour y prendre ses aises.

Les coussins et les plaids furent transbordés et le monsieur installé confortablement. Il restait d'ailleurs silencieux, mais ne paraissait point fâché. On attela au traîneau le plus petit des trois chevaux qui, à l'examen, fut reconnu pour être de race finnoise. Son harnachement nous avait trompés jusque-là. Les deux autres bêtes furent attachées au licou derrière le traîneau.

Le cocher mit au petit cheval son attirail de clochettes pour sauver les apparences et faire croire qu'il ne voyageait pas avec un attelage finnois.

Comme il bouclait les attelles, le cocher murmura dans l'oreille du propriétaire qui l'aidait :

— N'ayez pas l'air d'observer, mais j'ai l'intention de rentrer à la maison.... il ne remarquera la chose que lorsque nous serons arrivés.... Il lui est égal d'aller n'importe où, pourvu qu'on file vite.... Il croira que nous avons traversé toute la Finlande et me donnera un bon pourboire à cause de la vitesse ! Il m'a tout l'air d'en avoir assez de vos chemins finnois et vous ne le reverrez pas de si tôt !

Mais quand il fut sur son siège et eut les guides en mains, il nous cria officiellement :

— Place, têtes de bois ! Monsieur m'ordonne de vous dire qu'à son prochain voyage il prétend que vous ayez, plusieurs semaines à l'avance, préparé le chemin et frayé la route de deux toises de large ; il attend que vous soyez rangés sur les talus, nu-tête, et lui rendant les honneurs ; Adieu, coqs finnois !

— Bon voyage ! Ne nous oubliez pas ! Revenez tranquillement et l'on vous traitera en amis, mais à qui se montre canaille : bataille !

1899.

✵

LES

HIRONDELLES ET LA CORNEILLE

La corneille, c'est le tsar; les hirondelles sont les Finlandais.
Lorsqu'à la fin du récit, l'auteur fait parler la corneille des
champs, il fait allusion aux remontrances que la famille royale
danoise fit au tsar au sujet de ses actes en Finlande.

Les hirondelles et la corneille.

La corneille des bois, reine pillarde des champs, des villages, était fort friande de petits oiseaux. Ce n'était point faute d'autres aliments, mais affaire de goût et d'habitude. Sa gourmandise en était arrivée au point de n'aimer ces chétives bestioles que toutes vivantes pour le chatouillement délicat du duvet au fond de la gorge.

— Je ne les tue pas, disait-elle à ceux qui lui reprochaient son vice, en les avalant vivantes je leur donne une douillette demeure au lieu du nid froid et venteux.

Mais maintenant, au début de l'été, il n'en restait plus un, tous les nids des environs étaient dévastés. Il restait bien des nids d'aigle et de vautour, mais la corneille se gardait bien d'y rendre visite ! Ce fut dans cette occurrence qu'elle se décida à diriger son vol vers l'ouest, où demeuraient, dans le village de l'église, ses parentes, les corneilles des champs.

Elle trouverait bien, là-bas, une fraîche provision

d'oiselets, car tous les jardins étaient pleins de nids et sous les lattes des toits se cachaient d'innombrables hirondelles.

Elle se mit donc en route, un matin avant l'aurore, à l'heure où tout le village dormait encore paisiblement, franchit les hautes futaies de la forêt et débarqua dans un champ où une de ses sœurs se promenait dans un sillon.

— Tiens ! tu déjeunes ! quel menu ? quel menu ? lui demanda-t-elle, en voletant jusqu'à une barrière.

— Je mange des vers excellents.

— Mauvaise chair ! Mauvaise chair !

— On fait ce qu'on peut !

— Manger des petits oiseaux ! des petits oiseaux !

— Pas l'habitude ici !

— Nourriture excellente, et peu de peine pour l'avoir.

— C'est possible, c'est possible !

— Venez ! ma chère.

— Où donc ? où donc ?

La corneille des champs allongeait le cou.

— Au village, au village ; nous partagerons la proie.

— Ne fais pas ça, ne fais pas ça !

— Pourquoi pas ? pourquoi pas ?

— Ne le fais pas ! ne le fais pas !

La corneille des bois n'écouta point sa cousine la corneille des champs et s'envola vers le village de l'église. Elle vint se poser dans la première ferme, au bord du toit d'un four à sécher le grain.

De ce poste d'observation elle espionna les allées et venues des hirondelles qui tantôt s'élevaient au-dessus de la ferme, tantôt rasaient le bord des toits ; et de son perchoir la corneille entendait distinctement le gazouillis des petits oiseaux chaque fois que la mère rentrait au nid.

La corneille a pour principe de ne jamais rien prendre de haute lutte et ne déclare jamais la première ouvertement la guerre, même au plus chétif ennemi. Elle attend toujours un moment propice pour attaquer par derrière.

C'est pourquoi elle attendit un nouveau départ des hirondelles et vola vite et avec précaution du toit du four aux branches hautes du bouleau qui se dressait derrière le hangar. Et là elle paraissait faire, indifférente, sa toilette et regarder la vie. Mais chaque fois qu'elle entendait un gazouillis, l'eau lui en montait au bec !

Il y avait des nids d'hirondelles à tous les coins du toit ; il y en avait aussi sous le toit, dans la grange, mais ceux-là étaient d'un accès difficile. La corneille descendait de branche en branche, allongeait le cou, espionnait, se cachait derrière le tronc de l'arbre chaque fois qu'elle entendait une hirondelle revenir.

Voici une pièce de charpente qui forme un vrai perchoir : les nids sont tout près, habités par de nombreuses petites familles d'hirondelles, et leur duvet est si fin ! si fin ! La table est servie. Reste à allonger le bec. Mais la corneille réfléchit qu'elle ne peut pas décemment faire ici même son dîner, non, elle va porter ses petites victimes une à une jusqu'au toit du four, les aligner bien gentiment, et puis là, en renversant le cou, les avaler bien doucement ; pas les tuer ! oh ! non, mais les avaler vivantes afin de leur donner une bien douillette demeure.

La corneille allonge le bec, retire du nid un oiselet à moitié nu, tout frétillant, elle ouvre les ailes, donne un coup de patte d'élan et s'envole.

Ah ! juste ciel ! juste ciel ! quel tapage ! cela sort du nid, cela traverse l'air, cela est partout. « Prenez garde, prenez garde ! » cela coupe comme une lame tranchante. « Prenez garde, prenez garde ! » et l'écho en va jusqu'à l'infini. Mais la corneille qui avait l'habitude de voir les petits oiseaux défendre leur nid ne s'en inquiétait pas davantage.

Ils pouvaient bien crier, puisqu'ils ne pouvaient rien d'autre, et la corneille très calme, persuadée qu'il en serait ainsi comme toujours, déposa sa proie vivante sur le toit du four et s'apprêta à revenir.

Le menu fait, on le sert !

Mais le cri dans l'air devenait plus strident ; il venait de près et de loin, s'étendant de ferme en ferme et maintenant tous les oiseaux du village étaient rassemblés ; ils sifflaient et piaillaient autour de la corneille comme les mille mèches d'un fouet, d'un fouet dont chaque coup lui cinglait le dos.

Tout ce qui pouvait voler : hirondelles, pinsons, rouge-gorges, moineaux, merles et hochequeues se jetaient sur le perturbateur et le brigand avec des piaillements, des criaillements et des sifflements.

L'air était obscurci de ces mille petits esprits furieux qui l'attaquaient par devant et par derrière, par en haut et par en bas, avec des yeux étincelants ; le bec ouvert, les serres aiguës comme des vrilles.

Cela ne frappait pas outre mesure la corneille, car son long et rude manteau la protégeait, mais ce cri était énervant et ce vacarme la mettait hors d'elle. Cela avait réveillé tout le village, prenant le monde comme témoin de sa malheureuse tentative de rapine. Elle avait voulu faire sa petite affaire sans bruit et sans éveiller l'attention, en un tour de main, et maintenant cela tournait au scandale public.

Les poules à leur tour s'étaient mises à caqueter et les oies et canards à glousser. La tête perdue, la corneille volait en zigzag au-dessus du village, ne sachant où fuir et cacher sa honte, puis, dans des accès de rage, se croyant vautour ou faucon, fondait sur les braillards les plus proches, mais perdait l'équilibre et faisait une culbute dans l'air.

Et c'étaient des accès de joie et des cris ! Jusqu'à la pie, son ancienne rivale dans la chasse aux oiselets qui dansait autour d'elle en riant à pleine gorge et en applaudissant des ailes ! Jusqu'aux corneilles des champs ses cousines, qui avaient quitté leur sillon et assistaient en rang sur une barrière à ce divertissant spectacle ! Quand elle les vit, elle se hâta vers elles pour leur demander de l'aide. Les petits oiseaux eurent peur un instant et abandonnèrent leur poursuite, mais la corneille des bois se vit refuser même l'appui de ses proches parents.

La plus âgée de ce conseil de famille, celle-là même qu'elle avait rencontrée dans un champ, lui dit :

— Ne t'avais-je pas prévenue que ce n'était point à faire, qu'il te fallait abandonner ce projet ? Il existe entre nous, les oiseaux de ce village et des environs, une convention, celle de respecter les petits oiseaux. Nous n'aimons pas ces clameurs qui s'élèvent quand on les attaque. Vois-tu, ce que tu as de mieux à faire, c'est de t'en aller tout de suite, car, si tu récidivais, il nous faudrait intervenir et contre toi.

La corneille des bois s'envola confuse et toute honteuse et ne revint jamais.

La morale de cette histoire est vieille comme le monde : « L'union.... »

VERS LA PATRIE

Vers la patrie.

L'homme est souvent le jouet des dispositions de
son esprit. Elles sont comme le vent qui souffle tantôt du ponant, tantôt de l'orient, elles s'enfuient
comme elles sont venues et leur bourdonnement demeure à nos oreilles la seule manifestation sensible
de leur présence. Peut-être obéissent-elles à certaines
lois, mais ces lois nous sont encore aussi inconnues
que celles des courants de l'air. Nos connaissances à
leur sujet se bornent à des hypothèses et les chercheurs comme les psychologues lâchent à leur imagination une bride aussi molle que les devins des
almanachs.

C'est en vain qu'on demandera à un homme du
nord les raisons de son subit abandon des côtes en-
soleillées du sud. Il ne saurait expliquer pourquoi il
quitte les rives verdoyantes de la Seine, les jolis boulevards de la capitale et les gracieux coteaux de la
banlieue parisienne. Cela lui est venu par aventure,
comme un désir, comme un appel qui passait dans le

vent. L'air lui paraît bientôt étouffant, cette atmosphère joyeuse dont la chaleur avait voluptueusement engourdi ses membres de lazaroni d'occasion, ce ciel sous lequel il avait vécu des jours heureux et qu'il s'était juré de ne plus quitter.

Et voici que cette vie de grande ville le fatigue, à l'heure même où elle est la plus étourdissante et la plus joyeuse. Les verdoyantes forêts de l'étranger, dont chaque feuille distille comme un calme endormant, perdent pour lui leur charme voluptueux.

Il lui semble qu'il sort d'un long banquet où manquait l'amertume saine du sel. Jadis il n'y prenait pas garde, mais le murmure de la vague sur le rivage des lacs nationaux lui semble maintenant la plus importante chose au monde. Il veut l'entendre, entendre aussi le chant rythmique du coucou, l'innocent gazouillis du pinson, retrouver le bruissement des forêts, revoir la forme vierge et gracile du bouleau, le tronc sévère et brun du sapin.

Pourquoi ce désir s'impose-t-il à son âme ? Il n'y saurait répondre, mais il se sent pris d'une émotion telle qu'il n'y peut plus résister.

Et semblable à l'oiseau migrateur, qu'un vent passager porte, les ailes déployées, vers sa patrie, il s'étonne lui-même de se trouver un jour en route vers les contrées anciennes et bien-aimées.

La fièvre qui le poussait à quitter sa demeure l'a repris et accélère son retour. Il a dans le cœur un nœud d'angoisse qui ne se déliera que devant le visage de la patrie.

De la fenêtre du wagon, il voit fuir devant lui les bords du Rhin dans la clarté blonde de l'aurore, au loin disparaissent les taches mauves des forêts et dans le soir tremblent les milles lumières des cités. Un instant l'envie de s'arrêter le saisit ; que de choses encore à voir et à entendre ! cette faiblesse n'est que passagère. L'oiseau plane dans un arrêt du vent. Mais bientôt le désir a retrouvé sa voie, la victoire reste à l'idée de la patrie et le voyageur reprend sa course immuable vers le but. Les jours et les nuits passent comme en un rêve étourdissant, à demi conscient. Pourtant, par instant, des questions vagues déchirent ce voile d'ombre qui enveloppe son cerveau.

Quel sera l'effet de ce brusque changement de milieu ? Quelle impression fera la patrie ? Pourra-t-elle supporter toutes les comparaisons ? Ne va-t-elle point paraître terne et morne ?

Quand on l'a quittée, elle était si charmante, si jolie, si calme et paisible et si pure ; mais n'était-ce point parce qu'on n'avait jamais vu qu'elle ?

Un vent froid du nord fouette le visage : les journaux disent qu'une gelée vient de fondre sur la patrie et l'on attend avec anxiété des nouvelles de l'Est. Le voyageur sent quelque revirement en lui. Un vent du sud lui chuchote des souvenances. Il revoit le bois de Meudon, le coteau de Saint-Cloud d'où l'on aperçoit Paris entre les arbres, avec ses maisons blanches et les toits rouges des faubourgs, ses palais majestueux et la silhouette élégante de ses tours. Il lui souvient de soirs d'été où, quittant la campagne, il rentrait dans Paris, sur les petits bateaux de la Seine, glissant sous les ponts parmi l'entrain et la gaieté des passagers. Ah! comme alors la patrie lui avait paru lointaine et pauvre! Comme ses rêves d'autrefois qu'il croyait irréalisables, avaient été surpassés. Pauvre patrie! qu'était-elle donc à côté de l'été fécond de l'étranger, de cette France, aimée de la nature, où la terre rivalisait de saveur, de moelleux et de fécondité, dont les rochers mêmes avaient plus de grâce et de prix : le milieu, la vie y donnaient au sang une course plus vive, faisant la race plus riche, élevaient le niveau de l'esprit et octroyaient ses dons à toutes les couches sociales.

Le soleil de la patrie brille plus froid et plus oblique, la terre est rude et infertile, la végétation garde les proportions de l'arbre nain. Les hommes sont mélancoliques et rêveurs, leur intelligence médiocre, leur point de vue étroit. Le voyageur hésite, il a peur.

Pourtant, maintenant que la route est presque entièrement parcourue, il peut bien l'achever par curiosité.

Il faut quelquefois revoir le rivage de la patrie, même s'il doit être le rivage de la tristesse.

Le golfe de Finlande est plongé dans le brouillard, le navire cherche sa route, fait de fréquents appels de sirène, se perd et se retrouve avec difficulté. Les écueils surgissent tout près et l'on n'est qu'à moitié rassuré sur le sort de la précieuse cargaison. Enfin la route est définitivement trouvée et dans le calme de la nuit le navire s'engage entre les deux môles du port.

La ville dort, quelques lueurs tremblent aux fenêtres de Societèhuset[1] et au cadran de l'église Saint-Nicolas, qui semble marquer l'heure inutilement dans la nuit.

Quelques grands navires découpent la dentelle de leur mâture au-dessus des maisons, sur le ciel. Quelques chalands dorment le long des quais.

Cette première impression de la patrie est pénible.

Au restaurant de Kappellet quelques amis sont encore attablés. Ils n'ont guère changé. Peut-être leur barbe est-elle un peu plus fournie. Il y a, comme autrefois, les fennomanes[2] d'un côté, et les svecommanes[3] de l'autre. Les sempiternelles petitesses sont toujours sur le tapis, c'est le même grain éternellement dans la même meule.

Peut-être n'est-ce qu'une impression momentanée que nous forgeons nous-mêmes en notre esprit ignorant des situations locales. D'ailleurs elle a disparu dès le lendemain.

Le brouillard a quitté le ciel et le soleil du nord, dans sa sérénité, luit sur la ville.

[1] Le plus grand hôtel de la ville, placé sur les quais du port.
[2] Partisans de la suprématie de la langue finnoise.
[3] Partisans du suédois.

Dans le port, une joyeuse petite vague matinale court étincelante; la mer dépose son sel frais sur le rivage. La foule emplit le marché, la sonnette des tramways jette sans interruption sa note claire qui dit le mouvement. Les treuils des navires grincent en plein travail. Devant Kappellet la fontaine chante, les maisons en bordure de l'Esplanade rappellent les grandes villes et le public fait une impression européenne. Voici la maison du Sénat, les bâtiments sévères et puissants de l'Université, et tout près, le palais de Nos Etats et Notre Banque. Ils ont tous pour fondements le rocher de granit dur et froid de la Finlande, que la vague de la mer ne peut émietter, mais qui repousse au contraire chaque année plus loin le terme du rivage. Certes, tout cela est petit, mais c'est notre chose à nous et c'est du bon travail!

Comme la bruyère, nous nous attachons avec les mains et avec les dents au sol de notre pays. Celui qui voudrait nous en arracher, n'aurait dans sa main que les feuilles, mais les racines demeureraient dans la profondeur du sol et prépareraient une frondaison nouvelle.

Et quand on sait cela, et qu'on voit au-dessus de sa tête briller le ciel bleu dans sa pureté et dans son calme, on se sent aussi fort que n'importe quel autre pays au monde et on ne désespère jamais!

1891.

LA RIVE DE LA TRISTESSE

Beaucoup de paysans quittaient leurs fermes pour émigrer devant les *menaces russes*; c'est le tableau d'une de ces fermes que l'auteur fait ici.

La rive de la tristesse.

Un lac marécageux et peu profond au milieu de la solitude. L'eau vaseuse d'un marais l'alimente.

Sur la rive, des roseaux impénétrables comme une inculte chevelure; au milieu du lac coule un filet d'eau pure et claire.

Il tombe du ciel gris et sombre de l'automne une brume humide. Les bas-prés sont sous l'eau jusqu'à la lisière des arbres. La forêt forme une masse sombre et impénétrable.

Les sapins, d'égale hauteur, semblent, avec leurs cônes pointus, quelque gigantesque champ de chardons.

A la lisière de la forêt est bâtie une grange et près de là s'élève une meule aux teintes verdâtres. Au coin de la grange se dresse solitaire un pin ébranché. Une virole, que perce une ouverture circulaire, est fixée dans le tronc de l'arbre.

Au loin s'estompe sous la pluie une ligne de collines qui dominent la forêt ; une ferme dessine ses contours sur la crète. Cette autre habitation construite au-dessus du débouché du sentier boueux qui vient de la forêt a tout l'air d'un torp[1]. Voici l'écurie, l'étable, le hangar, et la cahute qui s'effondre. Les toits sont en écorce de bouleau cimentée de tourbe. Des lattes de bois remplacent les vitres absentes et un bout de chiffon masque une autre ouverture. Le champ de froment a diminué de moitié d'étendue. Au milieu du champ de lin gît un vieux seau renversé. Des feuilles de pommes de terre, durcies par la gelée, pendent lamentablement le long des palissades. On ne voit personne. Les portes sont closes de l'extérieur. Une route détrempée conduit au rivage. Des tiges de lin qui pourrissent dans la boue ; un banc renversé, les pieds en l'air, une grande cuve ayant perdu ses cercles, une vieille barque à moitié pleine d'eau, où flottent un bout de canne à pêche et une bûche carbonisée.

Sur le rivage on aperçoit un être gris rouge, c'est un pauvre chien à longs poils, abandonné ; il me voit près de la palissade et est pris de peur, il n'aboie pas, mais rampe, la queue entre les jambes, tenant dans sa gueule un poisson pourri. Un corbeau se pose sur la palissade et convoite le repas du chien, il vole en battant des ailes et, porté par le vent, se perche dans le pin ébranché au coin de la grange.

[1] Propriété exploitée par un tenancier corvéable.

La nuit tombe, j'ai encore quatre lieues à faire en suivant les bords du lac pour atteindre la ferme là-haut sur la colline.

Mes vêtements sont trempés, mes bottes pleines d'eau et j'ai les mains gelées. Un mélange d'eau et de neige me fouette la figure ; le vent remue la palissade à demi pourrie et chante avec la tristesse d'une plainte dans le canon de mon fusil.

Au coin de la cabane je veux allumer ma pipe et tire un bout de journal de ma poche. La date manque, mais voici le commencement d'un article : *Les temps sont tristes maintenant pour la Finlande, le découragement emplit les esprits,...* cela s'arrête là, la suite manque ; mais est-il besoin de la suite pour comprendre ?

EN CHANTANT

En chantant.

Une famille d'oiseaux construisaient leur nid en
chantant, au printemps ils portaient en gazouillant des
brindilles pour leur nouvelle demeure, et leur chanson
vibrant dans le bocage, toute pleine de joie du travail,
trouvait un écho sur les rivages.

Le promeneur écoutait cette chanson bien persuadé
que les petits chanteurs s'amusaient ainsi dans leur
inaction, sautant de branche en branche. Et pourtant
c'était leur jour de travail le plus actif et ils ne trouvaient qu'à peine le temps d'un sommeil léger durant
la courte nuit d'été. Mais le nid une fois achevé, ils
se taisaient, et la jeune mère, muette d'allégresse, cachait parmi le duvet les trésors de son bonheur.

L'époux, chaque matin, comme preuve de son
amour, lui servait des vermisseaux à pleine tablée.
Leur bonheur était si grand et si complet qu'ils ne
pouvaient l'exprimer en chanson.

Mais le nid fut détruit; son contenu, dans sa chûte,

se brisa sur les pierres. L'oiseau ne demeura pas perché sur la branche pour réfléchir sur sa tristesse ou déplorer avec des gémissements la perte qui le frappait.

Il voulut bâtir un nouveau nid et chanter un hymne de travail. Et il entonna une chanson si douce et si profonde que tous les oiseaux de l'air s'en vinrent l'écouter et se hâtèrent à son aide.

Le promeneur savait bien que c'était l'automne, mais il lui parut qu'il se promenait à nouveau dans un bocage printanier.

Quand le nouveau nid fut construit et quand, sous sa poitrine dorée, la jeune mère cacha de nouveau les joies de son bonheur, alors leur chant s'arrêta.

C'est par des chants que tu fus réveillé, ô mon pays! de ton sommeil séculaire. Nos grands poètes, à force de chanter, secouèrent ta torpeur, et les runes des ancêtres déchirèrent le voile qui pesait sur tes yeux.

La jeunesse s'en allait de village en village avec les verbes prophétiques sur la lèvre.

Tu croyais qu'ils chantaient pour leur propre plaisir; mais non, ils portaient des pierres pour bâtir ta maison, ils apportaient leur offrande sur l'autel de la patrie.

Voici, les murs s'élevaient, les toits se posaient, et bientôt le drapeau de la civilisation victorieuse flottait au faîte des milliers de demeures.

Notre nid fut détruit, notre maison fut rasée, mais à peine venait-elle d'être détruite que le chant des charpentiers à l'œuvre volait de nouveau sur la terre et sur les lacs.

J'apprends que la troupe des chanteurs finlandais prend souvent son vol, que des jeunes filles et des jeunes gens à la casquette blanche, s'en vont dans les régions les plus éloignées, que leur chant qui fait vibrer les salles grandioses trouve un écho jusqu'au seuil des plus humbles cabanes.

Allons en chantant pour dissiper le brouillard qui couvre la lande, allons en chantant par les bois pour y chercher le bleu de l'espérance, allons en chantant pour faire fondre cette glace qui brise nos poitrines, et pour changer en fermes verdoyantes les ruines d'aujourd'hui, allons en chantant pour reconstruire ton nid dévasté, ô mon pays !

LES FEUILLES

Les feuilles.

Le vent et la froidure font effort pour flétrir les feuilles et les arracher de l'arbre qu'ils secouent et font plier.

Durant l'été l'assaut dure sans relâche : la nuit, c'est le froid qui les étouffe, au matin le vent s'élève, et durant tout le jour passe en sifflant sur elles. Les feuilles ne connaissent ni trêve ni repos. Un seul instant d'abandon, de faiblesse et les voici jonchant le sol. Pourtant la feuille se lasse, elle jaunit et se fane. Alors voici la tempête d'automne qui s'abat sur elles, les arrache, les décapite. Et le destructeur est heureux et l'oppresseur se réjouit. La bourrasque entraîne ce grand nuage multicolore, les morts et les blessés jonchent le sol. Les arbres ont perdu leur couronne feuillue. Sur la colline, les forêts dressent leurs grands mâts nus. C'est l'hiver. La neige a tôt fait de tout ensevelir sous son blanc linceul.

Le regard ne distingue plus ni feuilles, ni arbres,

ni tapis de verdure. C'est à se demander si quelque chose a jamais existé là.

Le vainqueur croit les avoir pour toujours anéanties, il triomphe. Le vent souffle en tempête et rien ne l'arrête, rien ne porte obstacle à son déchaînement.

Des semaines passent, des mois s'écoulent. Et voici que les feuilles repoussent. Ceux que la mort semblait avoir marqués, ressuscitent. Le bosquet exhale comme jadis son doux parfum, les arbres sont à nouveau couverts de leur joyeuse frondaison.

Les feuilles n'ont changé ni de forme, ni de couleur. Leur nombre n'est pas moindre, il y en a tout autant, il y en a même plus qu'autrefois.

Le froid et le vent n'ont pas pu les dompter, les autocrates n'ont rien pu faire.

Les feuilles se fanent, mais la forêt reverdira; elles se flétrissent, mais elles vont revivre!

LA SAINT-JEAN

La Saint-Jean.

C'est la Saint-Jean, la plus belle fête de l'année, la fête de la lumière, la fête du peuple! C'est la saison où l'on allume les feux joyeux, où les chants retentissent, où l'on danse sur l'herbe verte! Mais qui a maintenant envie de célébrer des fêtes? qui veut allumer des feux de joie? Qui veut danser? Personne. Les pieds sont trop lourds pour la danse.

L'herbe a jauni sur les prés, les vents rigoureux soufflent toujours, ces vents glacés qui, durant le dernier hiver et le printemps passé, nous ont assaillis et ruinés. L'eau du large couvre les prés riverains, les îlots sont submergés, ces îlots où nous allions jadis en barque pour passer gaiement la nuit claire de la Saint-Jean. La mauvaise récolte nous menace, la gelée nous guette, les puissances ennemies complotent invisibles notre perte.

Chose étrange, mon âme n'est pourtant pas abattue, mon horizon ne s'est pas obscurci, le chagrin ne peut dompter mon esprit. Car il y a des îlots que l'eau montante n'a pu couvrir, il y a encore des feux qui, gaiement, illuminent le faîte des collines, il y a encore des champs où le peuple peut célébrer ses fêtes.

Je croyais qu'on m'avait dérobé mon pays, et ce n'est qu'à présent que je le sens autour de moi. Je croyais avoir perdu mon peuple et ce n'est qu'à présent que je le trouve. Je croyais que les feux de l'espérance étaient éteints et ce n'est qu'à présent que je les vois vraiment briller. Je n'ai plus besoin, comme autrefois, d'emprunter à d'autres l'étincelle, la flamme brûle aujourd'hui dans ma propre poitrine. Ce n'est plus un feu qu'on n'allume qu'aux jours solennels, c'est une flamme qui couve chaque jour dans des milliers de poitrines.

L'enthousiasme est l'huile de cette lampe, une confiance nouvelle en est la mèche, elle se nourrit d'un amour renaissant, d'une force et d'un désir ardent de travailler et de se dévouer au bonheur du peuple et et de la patrie.

La salle de danse s'est transformée en salle d'école, l'ancienne place de jeux est devenue une arène d'idées.

Nous ne cherchons plus ce que nous pourrons recevoir de notre patrie, nous nous demandons ce que nous pourrons lui donner. Nous ne cherchons plus comment nous remplirons nos greniers, mais nous en distribuerons le contenu à ceux qui réclament notre secours. Nous ne pensons plus à récolter, mais à semer, dans l'espoir de nouvelles floraisons. Notre fête de la Saint-Jean a pris un sens nouveau, nos feux brillent d'un autre éclat. Jadis notre Saint-Jean était la fête du feu, aujourd'hui c'est la fête de la clarté.

Et quoique la mauvaise récolte nous menace, que la gelée nous guette, que les puissances ennemies complotent invisibles notre perte, mon âme n'est pourtant pas abattue, mon horizon ne s'est pas obscurci, le chagrin ne peut dompter mon esprit!

LA GELÉE DE L'EST

La gelée de l'est.

La gelée nous vient généralement du nord, mais cela n'est point une règle générale ; il est des jours, dit-on, où elle vient de l'est.

Un soir de juillet de l'été dernier, j'étais assis sur un banc du vestibule en compagnie du fermier. Il revenait des champs, sa faux était appuyée le long de l'échelle, il avait l'air soucieux et grave.

— Cette terre pourrait être une des meilleures de la paroisse, me dit-il, en continuant la conversation, les champs sont fertiles, les pâturages gras et les pêcheries du lac rapportent : on pourrait la croire à l'abri, car les champs sont sur une langue de terre avec de l'eau au sud et à l'ouest, et le Norbarget là-bas empêche les vents gelés de souffler jusqu'ici.

Mais, si bien abritée soit-elle, et quand bien même les gelées ordinaires passent sans l'effleurer, il faut pourtant être sans cesse sur le qui-vive et craindre la gelée.

Car la gelée vient ici de l'est.

Quand on ne se doute de rien, voici qu'elle se lève de sa cachette et souffle sa froidure sur les champs durant les nuits d'été et nous prive de la récolte qu'on a espéré avoir cette année.

Vous voyez ce bois qui cache un marécage, là-bas, cela commence à cette haie, c'est de là que vient tout le mal. Le soleil n'a jamais pu pénétrer dans ces profondeurs où séjourne éternellement la gelée, même durant les étés les plus chauds.

Alors, voyez-vous, quand le vent vient de l'est, et qu'il semble se calmer pour la nuit, à l'aube tout est couvert de givre.

On ne sait jamais d'avance quand la gelée s'élèvera. Au printemps, quand les jeunes pousses montrent timidement la tête; en été, quand le seigle fleurit, et même au début de l'automne, quand le grain craint le plus le changement de température,... oui, je vous le dis, on ne sait jamais quand ça vient.

Aujourd'hui, voilà le vent qui souffle de l'est et demain peut-être tout sera détruit. Ah ! pourquoi la gelée n'a-t-elle pas attendu que les récoltes soient en partie sur les meules !

Quand mes aïeux sont venus ici des parages de l'est à travers les marais et les landes, ils se sont arrêtés sur ce rivage fertile qui leur a plu et ont construit cette ferme. Mais voilà qu'ils ont un jour pris des rames et se sont retirés plus à l'ouest comme les autres.

C'est peut-être bien une bêtise que j'ai faite de ne pas les imiter.

— Mais ne pouvez-vous pas essayer de dessécher ce marais, d'assainir ce foyer de gelée et de fertiliser cette lande ?

— Ah ! qui donc pourrait sécher ce bourbier sans fond et défricher un désert qui a des siècles ? Pour une telle œuvre les revenus de cette ferme sont trop petits.

— Mais n'avez-vous pas pu demander l'aide du gouvernement ?

— Il n'est pas de la compétence du gouvernement d'arrêter la gelée qui vient de l'est ! Le marais est trop vaste, m'ont dit les hauts personnages de l'Etat ; il faudrait y dépenser tous les revenus du pays et l'intérêt d'une seule ferme ne peut contrebalancer un pareil sacrifice....

— Alors, lui dis-je, aidez-vous et d'autres vous aideront peut-être un jour ; en attendant demandez à Dieu qu'il fasse souffler sur vos champs des vents moins incléments. Mais, avez-vous seulement prié Dieu ?

— Oh ! nous l'avons fait et quelquefois il a arrêté la gelée, mais il semble qu'il n'entende plus maintenant la plainte du peuple. Depuis le début de l'été, la gelée des marais de l'est est venue chaque mois, détruisant quelque fragment de la récolte, et maintenant c'est bien sûr le dernier et complet désastre. Si le vent se calme cette nuit, la dernière récolte est perdue.

Et le vieux paysan restait là, désolé, sous le poids de son triste destin, regardant l'horizon de l'est, dont un petit bois de sapins raide et bas découpait la ligne.

Je ne savais comment le consoler, et d'ailleurs à quoi bon ? Au crépuscule le vent se calma.

Le marais de l'est entrait en besogne et venait ravir ce que la gelée de l'été avait encore laissé à prendre.

1891.

AU CŒUR DU PAYS

Au cœur du pays.

Notre capitale est certes coquette et nous avons
raison d'être fiers, quand les étrangers de passage
marquent leur satisfaction et nous en font des éloges.
Nous aimons aussi à dire de nos esplanades qu'elles
donnent une impression d'Europe centrale. Et d'ailleurs la partie qui s'étend entre le pont de Skatuden
et le théâtre suédois ne rappelle pas seulement l'étranger, mais elle est bel et bien un coin de terre étrangère.
Les édifices ont le même cachet de modernité que
ceux des quartiers les plus élégants des grandes villes
du monde. Le mouvement des tramways y respire la
vie, des voitures élégantes s'y croisent, les cafés ont
de larges marquises et entre les hautes maisons l'air
a cette même limpidité qu'entre les maisons pari-
siennes.

La vie et le mouvement sur cette esplanade ne le
cèdent en rien à l'étranger ; rien n'est changé dans la
physionomie des boulevards, si ce n'est qu'à la paisible

flânerie boulevardière s'ajoute ici un peu d'indolence finlandaise.

Les visages même prennent chez quelques-uns cet air de distinction raffinée que donne la culture, et l'on peut rencontrer quelques femmes qui portent leur toilette avec ce je ne sais quoi d'irréprochablement parisien. Certes on peut s'en réjouir et en être fier, si l'on a l'esprit cosmopolite, surtout lorsqu'ici ou là les sons d'une langue étrangère conduisent la pensée jusqu'aux grands pays de culture de l'ouest et de l'est.

Mais il advient aussi qu'ici, à Helsingfors, on se sente sans abri, comme si toute cette vie étrangère vous chassait hors de votre demeure, l'élément national disparaissant sous le nombre. On se sent comme sur un océan aux flots incertains dont les bords changent sans cesse d'expression. C'est pourquoi l'on désire de temps en temps partir d'ici, voir le pays natal sous sa vraie nature, entendre une langue dans laquelle il y a comme le murmure des ruisseaux et voir des visages où ne se retrouve aucun trait étranger.

On a soif d'arriver au cœur du pays.

Et ce changement a lieu très vite, dès qu'on a quitté la gare d'Helsingfors et que les pylones électriques ont fini de jeter leur lueur dans les wagons.

On est presque tout de suite au milieu des bois, dans un pays sauvage.

Des forêts profondes s'étendent des deux côtés de la voie, et les arbres sont raides et muets sous leur manteau de neige. Dans les gares importantes on entend sonner les éperons des gendarmes de service, on aperçoit derrière les vitres couvertes de givre la silhouette de soldats russes, et quand on ouvre la porte d'un de ces wagons il s'en exhale un âcre parfum de tabac et de nationalité étrangère.

Mais leur train s'ébranle vers Pétersbourg, et nous continuons notre route, droit vers le pays natal.

Il me semble qu'on se sente plus à l'abri dans ce pays couvert de neige au travers duquel on voyage tout lentement.

A regarder ce paysage tout blanc, en passant près de ces petites cabanes à la lisière du bois, à peine visibles au milieu de la neige, quand une bouffée de fumée passe entre les branches vers le ciel clair, on oublie lentement tout ce qui a pesé sur les esprits durant de longues années.

Un étranger ne peut pas pénétrer jusqu'ici ; c'est ici qu'on a conservé jadis durant les périodes de danger et de guerre la semence des générations futures.

Et quand les villes de la côte ont pour leur avantage personnel et par la force même des choses changé de langue et d'esprit, ici, au bord du désert, sont nés les grands semeurs d'une vraie mœlle finnoise, dont la charrue laboura la propre terre.

Sur le quai de la gare passent des gens du pays, chaussés de bottes et vêtus de peaux de moutons dont la coupe est, comme leur dialecte, vieille de plusieurs siècles. Le chemin de fer n'a rien pu changer. Ces petits êtres gris ont l'immuable tranquillité des souches goudronneuses durant les tempêtes de l'automne.

On n'a point pu les forcer d'accepter la langue qui pourtant apporta leur religion ; combien moins pourra-t-on les forcer à en accepter une autre qui cherche à les en priver ?

Nous nous arrêtons enfin dans une petite ville abritée et solitaire comme une oasis dans le désert.

Tout ce qui est caractéristique et primitif dans le paysage finlandais s'est rassemblé ici comme en une seule place. La ville est entourée d'un bois de pins sévère dont le murmure s'entend de chaque demeure; des pieux placés de distance en distance par les paysans indiquent, même au plus fort des tempêtes de neige, les chemins qui conduisent à la forêt.

Là-bas sur la glace on entend les clochettes des traîneaux de poste et dans le calme du soir le voyageur solitaire s'arrête pour écouter encore une fois cette musique qu'il n'a point entendue depuis si longtemps.

Les rues sont ici larges comme celles d'une cité, mais les maisons semblent des villas ou des châteaux de campagne. Elles sont groupées autour de l'église cathédrale dont les tours blanches attirent de loin l'œil du voyageur, comme les chaumières d'un village autour du clocher.

Cette maison de Dieu a servi, durant les années de guerre, d'écurie aux chevaux de l'ennemi. La trace en est demeurée dans le mur, mais ce souvenir n'éveille que piété dans l'esprit du peuple.

Devant l'église s'élève la statue d'un grand héros de la patrie. Il est là, cet homme de bronze, sur ce piédestal de pierre grise qui est un morceau de roche de sa patrie; il regarde ferme mais calme vers l'est d'où les vents de tempête soufflent autour de lui, mais il ne baisse pas la tête, et il demeure ainsi debout, inébranlable au sein des ouragans. L'horloge de la tour sonne minuit dans la nuit claire de la lune et voici la nouvelle année.

Ici, au cœur du pays, dans ce paysage muet, au milieu d'un peuple qui dort son innocent sommeil, le chant de la cloche n'a point d'arrière-son douloureux et anxieux. Il est comme l'écho de la conscience paisible de ce peuple, et l'âme se sent envahie par un grand calme en l'écoutant vibrer dans la nuit.

Kuopio, 1er janvier 1891.

LE MOULIN DE MATTI

Cette nouvelle est à la fois un tableau fort exact des mœurs et du caractère finlandais et un symbole destiné à encourager la nation dans sa résistance. Le moulin bâti sur le roc, c'est la Finlande ; le terrible assaut des glaces, c'est le coup d'Etat russe ; le toit qui s'en va, c'est la constitution ; mais le moulin résiste, et c'est là l'essentiel ; et quant au toit, Matti, le Finlandais, est en route pour l'aller repêcher.

Le moulin de Matti.

Matti était meunier. Il n'est pas de nom qui convienne mieux à un meunier et surtout à un brave garçon comme celui dont je veux parler. Les aïeux de Matti avaient été meuniers de génération en génération et meuniers du même moulin, que le premier du nom avait construit sur un promontoire de rocher en surplomb au bord du rapide.

Ce moulin n'avait rien d'extraordinaire. Il était tout simplement bâti là sur le rocher. Pourtant la place était heureusement choisie. Un quartier de roc au milieu du rapide formait un canal naturel qui chassait l'eau vers la roue du moulin, tandis que l'excès de liquide passait en tourbillonnant à sa droite.

Dans le cours des siècles le moulin avait fini par ressembler au rocher sur lequel il était construit : ils étaient tous deux d'un gris de granit et tous deux couverts à ce point de mousse qu'il était difficile de dire où finissait le rocher et où commençait le moulin

Au moment du dégel, quand l'eau était plus abondante que de coutume et que le rapide écumant battait le rocher et les fondations du moulin, il eût été délicat d'affirmer que le rocher résistait mieux que le moulin ou que le moulin fût plus solide que le rocher.

Malgré des pressions d'eau terribles, le rapide n'avait jamais réussi qu'à arracher la roue, et à défoncer le barrage, mais le bâtiment était resté intact ou n'ayant que quelque accroc sans importance.

Mais comme le moulin n'avait après tout d'autre appui que son poids et semblait en continuel danger, les clients du moulin et les passants hochaient fréquemment la tête et prédisaient qu'un jour ou l'autre le rapide emporterait le moulin de Matti.

Ce à quoi Matti répondait :

— Ayez pas peur, il est vissé !

Le moulin avait pris la couleur du rocher; Matti avait pris celle du moulin.

Quand on le voyait au milieu de ses sacs, tout gris de farine, debout sur le plancher inférieur du moulin, avec ses larges épaules et ses cuisses robustes, à côté de l'axe énorme qui, s'appuyant sur le rocher, supportait les pierres de meule, il semblait la colonne vertébrale du moulin qui resterait là parmi les tourbillons si le bâtiment était emporté. Il était lui aussi « vissé. »

L'hiver passé il neigea beaucoup. Il y eut au printemps de grandes inondations.

Le rapide était gelé jusqu'au fond et tout couvert

de neige. Là où jadis chantaient les tourbillons, s'élevaient maintenant des montagnes blanches si hautes
que le moulin disparaissait parmi les icebergs immobiles. Ce n'était rien encore en comparaison de la
neige qui couvrait le lac et les bois en amont.

— Matti ferait bien cette fois-ci d'étayer son moulin, disait-on. Le rapide prépare quelque mauvais coup,
voyez comme il forge ses armes. Qu'est-ce que ce
sera quand les neiges en amont seront fondues!

Mais, à tous les avertissements et à toutes les pré-
dictions pessimistes, Matti répondait invariablement:

— Il ne bougera pas, il est vissé.

Quand commença la débâcle, l'eau était déjà plus
haute dans le rapide que jamais à aucun dégel précédent. Le fleuve au-dessus brisa son manteau de glace
avec fracas. Toute la population du village s'était
réunie pour assister au spectacle; la rive, le rocher et
le moulin lui-même était noir de monde. Sur le rivage
il y avait plusieurs dizaines de charrettes à blé qui
attendaient leur tour, car le moulin avait dû, faute
d'eau, chômer une partie de l'hiver. Les cochers s'agitaient, juraient et prédisaient les pires catastrophes.

Le seul qui ne semblait pas ému, c'était Matti; il
portait ses sacs comme d'habitude, entrait, sortait et
se dépêchait, car il y avait beaucoup de courant et la
meule écrasait pour l'instant autant de blé qu'on lui
en pouvait donner.

Les blocs de glace se détachaient les uns après les

autres; arrivés au haut des chutes ils restaient un moment immobiles, indécis, puis le rapide les entraînait
brusquement vers le gouffre et ils se jetaient menaçants
vers le moulin.

— Cette fois-ci, c'en est fait! Le moulin va sauter
du coup, criait-on.

Il semblait en effet qu'il ne fallait plus qu'une toute
petite poussée pour faire chavirer le bâtiment, comme
un frêle nid d'hirondelle du bord d'un toit.

Mais Matti répondait:

— Bougera pas! Il est vissé.

Et c'était presque vraisemblable. Il semblait établi
de telle sorte qu'aucun glaçon ne le pût toucher.
Dès qu'une de ces montagnes blanches s'avançait vers
lui, prête à l'écraser, le rapide l'emportait vers l'extérieur du rocher où elle s'émiettait.

Les fragments se précipitaient bien dans le canal,
contre la roue, mais elle aussi semblait vissée et marchait sur eux comme en les piétinant. Plus l'eau cou-
lait, plus vite tournait la roue, et les glaçons se bri-
saient en imperceptibles morceaux.

Mais l'eau montait toujours, couvrant tous les rochers du rapide, en amont c'était une immense nappe
d'eau qui s'élargissait sans cesse, formant un lac qui
n'avait pas d'autre déversoir que ce rapide sur lequel
était le moulin. La maison de la roue était déjà à
moitié remplie par l'eau qui tourbillonnait avec une
rapidité furieuse et faisait tourner les pierres comme

des toupies. Les murs tremblaient et Matti lui-même semblait secoué de la tête aux pieds. Les plus hardis seuls, des jeunes gens, étaient restés auprès de lui. Les autres avaient regagné le rivage pour assister de loin à l'imminente catastrophe. Le danger avait changé de nature. Les glaçons avaient été entraînés par le rapide avant que l'eau eut atteint le niveau du rocher. Mais c'étaient maintenant des barques, des estacades, des cabanes de bains, des granges, des cahutes de pêcheur, des troncs d'arbres qui s'avançaient à la dérive. Les tourbillons poussaient quelques-uns de ces îlots flottants vers la rive où ils s'échouaient, les autres se précipitaient dans le rapide. L'inondation montait sans cesse. La roue était déjà noyée jusqu'à l'axe. L'eau avait envahi le plancher inférieur du moulin, pénétrant par les fentes du mur et coulant en bouillonnant sur le seuil. Le rapide semblait s'être donné pour tâche de nettoyer le plancher.

— Tant mieux, disait Matti, les pieds dans l'eau.

Mais une chose le préoccupait cependant. Il ne pouvait plus tenir les sacs à l'abri de l'eau et la farine commençait à flotter.

— Maintenant qu'il y a de l'eau, on peut moudre, c'est parfait, mais il me paraît inutile de donner du gruau aux poissons, pensait-il; et il se décida à baisser la trappe et à arrêter le moulin en attendant que le niveau d'eau eût un peu baissé.

Mais il avait mal calculé son affaire. La pression

était si forte contre la porte qu'il devenait impossible de la baisser.

— On ne peut pourtant pas laisser les pierres tourner à vide. Elles vont s'échauffer et risquent de mettre le feu au moulin.

Il fallait choisir entre l'eau et le feu. Pour la première fois de sa vie Matti fut embarrassé. Cette indécision ne dura qu'un instant. Prenant le marteau avec lequel il avait vainement essayé de baisser la trappe, il se mit à frapper sur le levier qui commandait les pierres. Au bout d'un moment, la meule supérieure s'éleva. Le frottement cessa. Les meules, séparées, se mirent à accélérer encore leur vitesse. La roue de transmission s'affolait, l'autre sifflait, les pierres bruissaient, toute la maison tremblait et chancelait. Matti ne s'occupait pas de tout cela. Il graissait les axes pour empêcher l'échauffement. Mais quand l'eau eut envahi l'étage supérieur du moulin, Matti mit le dernier sac sur son dos et gagna la rive. Là il s'assit et bourra sa pipe. Les bords du fleuve étaient noirs de monde ; on disait :

— Comment diable le moulin fait-il pour ne pas filer ?

Et Matti répondait :

— Un moulin de rapide est vissé ! La crue du printemps n'y peut rien !

— Mais c'est une inondation et non une simple crue de printemps.

— Il résiste encore !!

— Il résiste toujours à l'eau, disait Matti.

Mais à peine avait-il parlé, qu'un craquement se fit entendre.

— Cette fois-ci il file!

Un grand amas de troncs s'était réuni au-dessus des chutes et l'on voyait au milieu une grosse grange qui flottait. Ce radeau avait tourné en rond, ramassant toutes les bûches éparses, tous les bouts de bois et formait maintenant une petite île qui se précipita soudain vers l'entrée du rapide dans la direction du moulin, noyé maintenant jusqu'au toit.

— Il part, il file.... cette fois c'est sûr!

Matti lui-même s'était levé, comme pour porter secours à son moulin, mais il se rassit.

Le moulin n'avait pas bougé. Le choc avait seulement fait sauter le toit comme un coup de vent enlève un chapeau.

Le toit fit un bond dans le rapide, disparut, puis reparut.

Les murs du moulin n'avaient pas bronché. La roue à aubes, la roue d'entrée, la roue de transmission, continuaient de tourner comme si rien ne s'était passé. La seule différence qu'il y eut, c'est que jadis elles étaient cachées et que maintenant elles travaillaient aux yeux de tous. Elles n'avaient, il est vrai, qu'à moudre de l'eau et l'écume blanche était leur seule farine.

— Le gueux reste là où toujours il fut, cria-t-on.

— Pourquoi ne resterait-il pas ? prononça Matti, puisque je vous dis qu'il est vissé !

Il s'était levé de sa pierre et descendait maintenant en bas des chutes pour aller repêcher son toit.

LA FORTERESSE DE MATTHIAS

Cette nouvelle, comme d'autres (*Le vieux parle,* etc.), est écrite pour encourager les paysans finlandais à ne pas quitter le pays, à ne pas se décourager mais à continuer leur travail dans l'espoir des jours meilleurs.

La forteresse de Matthias.

— Je te repète, Matthias, que tu es fou; je te repète
que la guerre est proche et que l'ennemi a depuis
longtemps traversé la frontière. Il y a un camp d'établi
sur l'autre rive du lac. Et tu fais comme si tu l'igno-
rais. Nous sommes déjà prêts à être frits et tu ne
remues pas tes nageoires ! Tu ne fais rien pour
résister !

— Qu'en sais-tu ?

— Ce que j'en sais ? je le vois, parbleu, bien ! Tu
pousses ta charrue, tu soulèves les couches fraîches
du sol, tu laboures les champs et les prés, tu sèmes,
tu creuses des fossés d'irrigation et canalises les marais
et tu bâtis un mur de pierre autour de tes cultures.
Ce n'est pas tout ! tu as augmenté ton bétail et amé-
lioré tes outils ? Penses-tu que l'ennemi ne traversera
pas le lac ? Quelle est ton idée ? On croirait à te
voir que nous avons un siècle devant nous et une
paix garantie pour beaucoup d'autres.

— Que faut-il donc que je fasse ? Conseille-moi, voisin, qui sembles en savoir plus long que moi.

— Ce que tu devrais faire ? M'imiter et imiter tous les paysans de l'autre côté du lac. Depuis dix ans je n'ai rien bâti ni semé. Les champs ont donné ce qu'ils ont pu, et j'ai transformé les produits de la terre et du bétail en bonne monnaie sonnante que je porte dans ma ceinture. Quand j'ai quitté, j'ai mis le feu à la ferme et l'ennemi n'a rien trouvé à prendre. Voilà ce que j'ai fait !

— Chacun fait l'éloge de son maigre potage ! Laisse-moi, cher voisin, à mon tour vanter mes actes. Tu remplis tes poches ! bon ; — moi, j'enterre mes biens. Quelle est la richesse la plus sûre ? Si l'ennemi nous attrapait tous les deux, quelle serait la meilleure prise ? Crois-tu que l'ennemi perdrait son temps à combler mes fossés ? Il se stupéfie de me voir labourer et semer, mais crois-tu vraiment que l'ennemi couvrirait mes sillons, replanterait les souches que j'ai arrachées ?

— Il n'est pas si fou !

— Tu l'avoues toi-même. Je vais plus loin, détruirait-il mon mur, disperserait-il les pierres sur les labours ? Non, il ne le ferait pas ; que le diable m'emporte s'il le fait ! Et voilà comment, cher voisin, mes fossés sont mes tranchées ; mes pallissades sont mes murs ; mes champs : mes ouvrages avancés, et je reste assis au milieu d'eux comme au centre d'une forteresse.

— Oui, il ne peut pas la détruire, mais il peut s'en emparer et alors que feras-tu? Graisseras-tu la patte du commandant des forces ennemies? payeras-tu une taxe de guerre? Quant à moi, je l'ai payée pendant dix ans et j'en suis maintenant libéré.

— Oui, libéré! libéré! et pourtant tu t'enfuis. Voilà à quoi sert de transiger. Moi, je n'ai rien payé, j'ai enterré mon bien. Aussi quand l'ennemi viendra, je m'avancerai vers lui et lui dirai : Voilà tout ce que j'ai, prends-le, si tu veux, voilà aussi les clefs de ma forteresse et je lui tendrai ma pioche et ma pelle.

— Il te fera prisonnier, t'emmènera en pays étranger et que feras-tu alors de ta ferme?

— Je n'en aurai justement alors nul souci! La guerre finira un jour et l'on échangera les prisonniers. Quand je reviendrai au pays, je trouverai la ferme florissante, le sol sera tout prêt pour mon soc.

— Mais, si tu ne reviens pas?

— Alors c'est mon fils qui récoltera.

— Mais si ton fils ne revient pas davantage?

— Alors ce sera le fils d'un autre.

— Matthias, tu es fou, tu ne dis que des insanités, viens, cher ami, dépêche-toi, avant qu'ils ne te prennent... Tu ne veux pas, tant pis, adieu!

— Adieu, voisin, je n'ai pas le temps de partir, il me faut hâter de semer l'avoine avant que l'ennemi ne la prenne pour ses chevaux, car je le vois là-bas qui commence à s'engager dans les marais.

RÊVES DE JEUNESSE

Rêves de jeunesse.

Ah ! puisse-t-il revenir, ce temps délicieux où l'avenir de la patrie nous apparaissait plein de clarté et d'espérance, où l'idée même de douter de sa destinée ne nous était pas venue. Nous ne connûmes jamais, même plus tard, durant les années les plus animées de notre vie d'étudiant, optimisme plus parfait que durant cette dernière année scolaire dans notre petite ville lointaine.

Par les claires soirées de printemps, nous restions assis sur l'extrême pointe de ce cap d'une virginale beauté, qui s'avance dans le Kalavesi, et nous rêvions, les yeux ouverts, les rêves d'un innocent esprit.

Toute la ville dormait dans l'ombre des mystérieuses collines de Pujo, derrière lesquelles le soleil avait déjà disparu.

Sur le rivage, les maisons et la blanche tour de l'église se miraient dans la calme surface de la baie. Une vague silencieuse et caressante gémissait douce-

ment, comme une dormeuse qui voit des rêves clairs.
Une grive invisible chantait dans les bouleaux en
fleurs, et sur le lac, du bord des barques, des ra-
meurs nocturnes laissaient flotter sur l'eau la mélan-
colie d'un chant populaire. De notre patrie, nous n'a-
vions vu que cela, que notre ville et ses alentours,
mais nous pensions savoir qu'elle était partout la
même, qu'il y avait partout le même ciel, les mêmes
collines, les mêmes calaps, les îles de rêves et les
fjords paisibles. Le Suomi nous semblait comme un
cap gigantesque, sortant d'un grand pays indécis de
l'est, comme un navire glorieux qui, la proue haute,
avançait son étrave vers les côtes de l'ouest; il s'a-
vançait toujours plus avant, chaque année, dans la mer,
et comme les fjords de Kalavesi avaient embrassé le
cap de Vaïnola, de même les grandes vagues de la
Baltique baignaient notre patrie. Nous sommes venus
ici de l'est avec le soleil comme guide, à travers les
déserts et les toundras neigeux ; nous nous sommes
conquis une patrie qui fut nôtre, nous l'avons culti-
vée et rendue habitable.

Notre enthousiasme ne connaissait pas de bornes,
chacun de nous grimpait sur un rocher et nos doigts
désignaient les fjords lointains, tandis qu'à nos lèvres
montait un chant de gloire sur notre patrie.

> Nous pouvons étendre la main
> Montrer avec orgueil lac et rivage
> Et dire : voyez ce pays-là,

C'est notre pays.
Notre pays, nous l'avons voué
A la lumière.
Tu seras grand et glorieux.
Nous pouvons mourir oubliés
Comme la vague qui se perd dans le lac
Et fait sa grandeur.

. . . .

C'était ainsi que nous chantions; mais nous. élargissions encore le cercle de notre ambition et nous entrevoyions un avenir géant pour notre patrie.

La Finlande n'est-elle point semblable à la Grèce d'autrefois, et notre peuple n'est-il pas un nouveau peuple d'Hellènes? N'avons-nous point notre archipel comme les Grecs avaient le leur? N'avons-nous pas lutté comme eux contre des forces supérieures, n'avons-nous pas nos Thermopyles, notre victoire de Salamine, n'avons-nous pas sauvé la culture occidentale? Ils avaient leur Homère et nous avons notre Kalevala; mais nos héros luttèrent pour une cause plus haute.

Agamemnon, Ménélas et Achille combattirent pour reconquérir Hellène ; Vainamoïnen, Ilmarinen et Lemmikainen pour reprendre le Sampo [1].

Les premiers prirent une ville et la détruisirent, les derniers gagnèrent la lumière de la montagne de Pohjola.

Les premiers gagnèrent avec l'épée, les derniers

[1] Voir Introduction.

avec la puissance du Verbe. Et c'est avec la puissance du Verbe que nous conquerrons peut-être un jour le monde. La force des Grecs ne fut pas seulement dans la victoire de leurs armes, mais plus encore dans leur art, dans leur littérature, dans l'élévation de leur culture.

Et là réside aussi notre force.

La langue finnoise est vigoureuse et martiale et sonne clair comme la langue grecque; grâce à elle, nous pourrions créer une littérature qui dépasserait toutes les autres, une civilisation finnoise, une nouvelle culture qui surpasserait l'ancienne qui s'épuise. Nous pourrions envoyer nos idées au loin, vers l'occident, nous pénétrerions chez tous les peuples, notre manière de voir changerait toutes les religions, et sur la base de notre langue, il faudrait édifier des langues nouvelles. Le vieux monde se sèche, il a besoin d'être rajeuni et purifié, il se raidit dans ses formes; c'est à nous, Finnois, que devait incomber la tâche de trouver des formes pour cette culture nouvelle et de pénétrer cette âme naissante. Notre pays serait un trait d'union entre l'est et l'ouest, il serait riche et puissant, les villes s'élèveraient à côté des villes, les monts se couvriraient de palais et sur les caps se dresseraient des statues aux héros de la patrie.

Et dussions-nous avec le cours des siècles voir s'éteindre son rôle comme nation, dussions-nous être affaiblis et succomber sous le plus fort; que les chars

de guerre romains foulent nos terres et que le crois-
sant décore la flèche de nos églises, qu'importe, nous
n'en aurions pas moins été un peuple qui eût dompté
le monde et dont le vainqueur même aurait dû accepter la civilisation.

C'était ainsi que nous avions imaginé l'histoire de
notre pays, l'esprit plein des jours glorieux, et nous
croyions fermement voir notre illusion se réaliser.

Et pour commencer cette grande mission, nous nous
étions à nous-mêmes donné des rôles, nous considé-
rant déjà comme des héros. Nous nous imaginions
être sur l'Agora, à Athènes, et d'un geste insoucieux
nous rejetions sur notre épaule les pans d'une toge
imaginaire. Et nous rentrions en ville, la tête toute
enflammée de ces idées.

Je ne me souviens plus combien de temps cette
ivresse dura et quand ma fantaisie perdit les premiè
res plumes de ses ailes.

Il faut croire qu'elles furent arrachées une à une, et
comme il n'en poussait point d'autres pour les remplacer, nous redescendîmes peu à peu vers la terre et
ce fut le mieux qui put advenir, car tout ce rêve n'é-
tait sans doute que folie.

Le bonheur et l'avenir brillant de mon pays se sont
obscurcis et aucun de nous n'est devenu un héros
comme nous le pensions durant notre enfance. Mais
les rêves et les croyances de l'enfance ne sauraient
complètement disparaître ; quelquefois, quand le vide

et la désolation pèsent autour de nous, c'est un soulagement que de réveiller leur souvenir.

Ah ! combien donnerais-je pour les posséder à nouveau, ces rêves de ma jeunesse et ces crovances de mon enfance!

1891.

LE NAVIRE DANS LA BOURRASQUE

Le navire dans la bourrasque.

Dans la tempête ; le ciel et la mer sont enveloppés de brouillards. De temps à autre une étoile luit entre les nuages qui fuient dans une course rapide. Le navire penche sous l'effort du vent qui vient de la mer sombre.

Les vagues se brisent avec rage sur les bas-fonds rocheux. Le pilote se promène de long en large sur le pont étroit et ses yeux interrogent avec souci la boussole, la mer et le ciel ; il pense :

« Que signifie cela ? Y a-t-il quelque nouveau courant, inconnu jusqu'ici ? Ai-je commis quelque faute au gouvernail ou ai-je mal lu la boussole ? Il y a de quoi se pendre. Je croyais connaître cette route pour l'avoir heureusement suivie des centaines de fois, même dans le brouillard de neige le plus épais ; je connais par cœur les balisses et les bouées qui marquent le chenal de temps immémoriaux. Mais c'est en vain que je les cherche. A-t-on détruit les remmars (pieux plantés aux endroits peu profonds) ou la mer les a-t-elle enlevés ? Ou bien est-ce la neige qui rend méconnaissable la côte là-bas ? Je ne reconnais pas un rocher ! Serais-je venu dans une passe inconnue ? Tout ce que je peux voir à la lueur des éclairs qui sillonnent le brouillard, c'est une grande terre basse sous le vent, vers laquelle la tempête me pousse. Si tout s'était passé comme je l'avais prévu, je devrais être à la hauteur du dernier récif au delà de ce cap dangereux que nous avons à doubler maintenant.

» Mais je ne vois pas le phare, et la tempête me pousse vers la côte ; il faut que, de quelque incompréhensible façon, j'aie été poussé vers le sud-est au lieu de notre route sud-ouest.

» Mais comment expliquer cela ? J'ai tout le temps gouverné selon la boussole. Peut-être décline-t-elle ? Peut-être avons-nous passé sur le point où est coulé le grand vaisseau de fer ? Ou bien un enfant a-t-il mis du fer dans la boussole ? Cela s'est déjà vu, même à bord de ce navire ; je crains bien qu'on ait encore oublié de vérifier la boussole avant le départ.

» Vraiment le commandant pourrait mieux faire son devoir. Mais, après tout, ce n'est pas sa faute ! Les armateurs envoient toujours le chargement à la dernière minute. C'est un brave vieil homme, mais un crabe de terre qui comprend mieux les affaires que la navigation.

» Les deux seconds envient sa place et se jalousent

l'un l'autre, cherchant à mutuellement se nuire à chaque atterrissage.

» Ils passent leur temps à se quereller dans leur cabine, et l'on est obligé de sortir la nuit, par n'importe quel temps. On a un pilote à bord, un pilote assermenté, on peut se confier en lui et rejeter tout sur lui! Si le navire touche, c'est la compagnie d'assurance qui paye le navire et le frêt.

» La compagnie de sauvetage se fait un joli denier et le capitaine s'en lave les mains en présentant un livre de bord bien tenu.

» Mais le pilote perd sa place et l'équipage sa paye !

» La tempête fait rage ; encore un rocher sous l'eau ; la vague se brise sur les bas-fonds, ce sera un miracle si nous passons. Si je pouvais diminuer la vitesse, je pourrais arrêter au besoin, mais comme cela nous serons jetés à la côte ; il vaudrait mieux.... »

Il dit quelques mots dans le porte-voix, puis se cramponne au bastingage de la passerelle ; il est d'avis qu'il vaut mieux aller vent debout et rentrer droit dans la tempête.

Il a peut-être raison. Certes la mer est plus forte au large, mais il vaut décidément mieux aller contre la vague ; les grands mâts et le mât de pavillon seront probablement emportés, comme le chargement du pont : les fûts vides [1] (un sourire ironique lui vient

[1] Allusion aux hommes politiques de peu de valeur.

aux lèvres) ; mais il faut bien donner aussi quelque chose à ces pauvres chercheurs d'épaves, là-bas sur la côte qui est sous le vent.

La carcasse tiendra, l'avant est solide, le toile dure et la machine puissante, et il vaut mieux tanguer sur la même place que de se jeter en pleine vitesse au milieu des récifs.

« J'aime mieux sombrer dans la mer vaste que d'aller m'échouer sur une côte inconnue. Et peut-être, vers le matin, verrons-nous briller au ciel une étoile qui nous montrera la route. C'est en les étoiles qu'il faut mettre toute sa confiance dans les circonstances difficiles ; demain nous doublerons le cap de mauvaise volonté et nous verrons luire le phare de bonne espérance. »

Je crois que le timonier a raison. « Au lof ! » Le navire retourne lentement contre le vent, une grande vague balaie le navire de la proue à la poupe. Les mâts de misaine et de pavillon sont jetés bas et engloutis par de grandes vagues avides.

Une éclaircie se fait dans le ciel et une étoile brille entre les nuages.

Je crois que la tempête est vaincue cette fois.

LES GRANDS ET LES PETITS

Les grands et les petits.

Qui donc ose soutenir que les grands et forts sont aussi les puissants et que les petits et humbles sont les faibles? Qui peut prétendre que ce soient les grands qui mènent les petits, les forts qui dictent les lois aux humbles ?

* * *

Le ciel est bleu et serein, la surface de la mer est calme. Au loin la vague se brise par sursauts aux écueils. Il semble que la mer soupire dans son sommeil, car elle ne dort jamais sans que des rêves l'émeuvent et troublent son repos.

Un courant glisse lentement le long d'un cap à la pente douce, dont il baigne le pied rocheux. Ce courant vient de loin et retourne au loin. Son cours est variable, aujourd'hui vers l'est, demain vers l'ouest, nul ne connaît sa marche ni son but. La forêt de algues se balance, et les branches des varechs se plient docilement sur son passage.

Au travers de l'eau paisible on entrevoit un sol brun et voilé d'ombre, et la falaise s'enfonce menaçante vers de mystérieuses profondeurs.

Tout près de la surface, si près que l'eau calme en est frisée, un banc de menus poissons nage contre le courant, le long de la falaise au-dessus des profondeurs sombres et des cimes flexibles de la forêt des algues. En un cortège interminable, ces petits êtres viennent de la pleine mer et y retournent, glissant devant les caps et les isthmes par-dessus les récifs et le long des rivages, dont ils visitent les anses et contournent les écueils.

D'où viennent-ils et où vont-ils ? Ils ne semblent obéir à aucun guide, ne point savoir vers quel but ils tendent. Une seule chose guide leur marche : la conscience qu'il faut se tenir ensemble, et ils n'ont d'autre but que de lutter contre le courant qui veut les entraîner.

Il n'est pas un des cent mille petits poissons de cette phalange qui s'éloigne même un instant du cortège qui, tout entier, invariablement, poursuit sa course, sans varier d'un degré l'immuable direction.

Et ces milliers d'êtres infimes semblent former un gigantesque poisson qui serpente à travers la mer le long des promontoires et des rochers.

Mais dans les eaux où chemine ce géant, des

requins, des perches et d'autres rapaces le guettent. Leur écaille scintille d'or et d'argent comme une armure, leurs nageoires ont le reflet pourpre des oriflammes, une crête aux pointes acérées sillonne leur dos et leurs dents sont longues et fines. Ils attendent, au guet, derrière les rochers ou dans le varech, l'immense cortège, comme des chevaliers pillards dans leur donjon, et ils se jettent en avant, les yeux luisants, la gueule ouverte. On les appelle les rois de la mer et les princes des rivages. Ils croient, eux-mêmes, que ces titres leur sont dus et que les petits poissons sont leurs sujets, qui n'existent que pour servir de pâture à leurs seigneurs.

Mais pour un banc de cent mille petits poissons, que signifient les ravages de quelques requins et quelques perches ? Les petits poissons voient bien l'ennemi mais se soucient peu de l'éviter. Sa brusque attaque ne peut briser leur ligne de combat, ni entraver leur marche. L'un des leurs se jette de côté, fait un saut, cherche à fuir, mais la grande troupe avance toujours, comme si rien ne s'était passé. Les persécutés ne se défendent pas, ne s'enfuient pas, n'accélèrent point la vitesse de leur course. Seul le courant de la mer détermine leur rapidité et dirige leur course et non quelques requins ou quelques perches !

Ainsi ce sont les grands qui doivent suivre les petits : les rois de la mer doivent nager derrière leurs sujets pour pouvoir subsister.

Les petits poissons suivent leur invariable direction et les forts doivent se laisser guider par eux.

* * *

Les petits sont les peuples, les grands sont leurs oppresseurs.

Qui donc ose soutenir que les grands et forts sont aussi les puissants et que les petits et humbles sont les faibles? Qui peut prétendre que ce soient les grands qui mènent les petits, les forts qui dictent les lois aux humbles ?

L'AIGLE ET L'AIGLON

L'aigle et l'aiglon.

Lorsque l'aigle, roi de l'espace, eut achevé l'éducation de son fils, lui eut appris à voler et à se procurer sa nourriture, il le mena sur un vieux pin, au sommet de la montagne, et lui dit :

« Mon fils, voici le monde ! Ton regard embrasse d'un œil des déserts, de l'autre des champs cultivés. Autrefois, tu n'avais vu que des déserts, autrefois, nous, les aigles, qui possédons des becs recourbés et des griffes acérées, nous étions les maîtres de la terre. Le monde et tous ses habitants n'existaient que pour nous, nous y décrétions les lois et nos serres gravaient nos sentences dans le dos de tous ceux qui ne voulaient pas se soumettre à notre toute-puissante volonté. Le gibier de l'air et de la terre n'était que notre docile troupeau, prêt à nous fournir la nécessaire subsistance. C'était le temps où les aigles étaient bergers de tout vivant bétail. Maintenant la culture a envahi la moitié du globe. Vois-tu ces moutons, ces

oiseaux innombrables, ces théories d'oies et de poules, tous ces pauvres êtres qui n'ont point de dents
pointues et encore moins de serres, et qui s'agitent
là-bas en bêlant et en caquetant, eh bien! ce sont
eux les tout-puissants aujourd'hui. C'est en leur faveur
qu'on écrit les lois et qu'on transforme le monde. On
les défend et on nous persécute. On protège les
merles et on met notre tête à prix, les gelinottes ont
leurs avocats, les moineaux leurs gardiens et le lièvre
lui-même possède quelque puissant protecteur. Tels
sont les mœurs abominables d'aujourd'hui. Mais
attends, mon fils, attends seulement! La domination
des faibles cessera bientôt et ceux qui ont des griffes
pointues seront de nouveau les maîtres du monde. La
force redeviendra le droit. Autrefois les bêtes sauvages vivaient en perpétuelle hostilité. Si l'ours surpre-
nait le lion sur la piste d'un veau, il se précipitait
sur l'agresseur et commençait la bataille. Le veau en
profitait pour fuir. L'aigle apercevant le martin-pêcheur
ayant dans son bec un goujon fonçait sur son rival
et le goujon se sauvait à la faveur du combat. Maintenant ces pratiques ont cessé. Nous ne nous atta-
quons plus les uns les autres; bien plus, nous nous
apportons parfois notre décisive assistance. Le renard
ne parvient-il pas à égorger seul le mouton? le loup se
présente à la rescousse et ils partagent la proie, et si
le loup manque de muscles pour venir seul à bout
d'un cheval, l'ours est là pour lui prêter main-forte et

rien n'est plus loyal que leur marché. Quand toi, l'aiglon, tu ne parviendras pas à chasser le levreau du petit bois, pousse un cri et les geais et les pies te serviront de rabatteurs jusqu'aux luzernes. Tu prendras la viande et leur laisseras les tripes et abatis. C'est ainsi que nous chassons et faisons la guerre en commun et la victoire est à nous.

» Le désert se rétrécit chaque jour, notre domaine diminue de plus en plus. Il sera bientôt insuffisant. La nuit vous venons ici, mais à l'aurore nous cinglons vers les régions habitées, nous volons au-dessus des champs cultivés, prêts à nous abattre parmi les troupeaux, dans ces pâturages où la viande foisonne, sur ces brebis laineuses qui trottinent comme des fourmis dans un sentier.

» C'est pour nous qu'on engraisse les agneaux et qu'on protège le gibier, et quand notre heure viendra nous nous emparerons de ces bêtes qui nous appartiennent par droit de souveraineté.

» En ce temps-là l'aigle sera de nouveau le roi des espaces et le seigneur des nuages. »

Ainsi parla l'aigle et les yeux de l'aiglon brillaient et ses griffes se crispaient. Ses ailes frémissaient et son vol semblait prêt à s'élargir.

« Pas encore, attends encore un peu, nous ne sommes pas encore prêts. Nos troupeaux ne sont pas en assez bon ordre pour nous risquer déjà sur les champs découverts. Les fauves craignent encore les champions de la culture, il ne serait pas prudent de s'aventurer ainsi tout seul. Mais nous avons le temps. Ne te presse pas. Il y a d'ailleurs encore du gibier dans le voisinage. Vois-tu cette petite ferme entourée d'un potager qui s'isole des autres et cette cabane solitaire à la lisière du désert. Il y a là-bas assez de butin pour toi. Tu peux agir à ta guise, t'abattre sur tout ce qui en vaut la peine, égorger brebis et moutons. En faisant un massacre général tu serviras bien notre cause. Les petites fermes, vois-tu, sont nos plus dangereuses ennemies, elles propagent dans le désert la peste de la culture. Reste au guet et détruis tout, sans miséricorde. N'épargne même pas les petits enfants. Rien n'est plus facile que de fondre sur eux quand ils cueillent des fruits sur la lande. Des fermes on ne peut entendre ni leurs cris ni leurs pleurs. Leurs appels ne parviennent pas jusqu'au grand village. Prends les bons morceaux et nourris tes fils comme je t'ai nourri. Je t'ai fait fort et puissant dans ce but, je t'ai donné un bec puissant et des serres pointues pour cela. Et maintenant prends ton vol, écoute mes conseils, et bientôt l'on ne demandera plus de lois pour les brebis, ni de sauvegarde pour les faibles, car le faible sera anéanti. »

SI TU ÉTEINS, J'ALLUME !

Si tu éteins, j'allume !

La nuit d'hiver planait, sombre, sur les pays du nord.

Le soleil avait depuis longtemps quitté l'horizon, mais dans les humbles chaumières brillait la lumière silencieuse des lampes à la lueur desquelles le peuple se réjouissait, attendant la prochaine aurore.

Mais le démon de l'obscurité veillait et ne pouvait souffrir pareille atteinte aux prérogatives qu'il s'était arrogées sur le nord ténébreux. En passant devant les cabanes il vit scintiller les fenêtres d'une douce lueur intérieure, aussi ouvrant toute grande la porte il s'engouffra dans la pièce ; « Pff, » fit-il, et il souffla la lampe sans miséricorde.

Et personne n'osa rallumer ce que le « Troll » avait éteint.

Et les paysans demeuraient là, serrés l'un près de l'autre au sein de l'ombre, se demandant avec angoisse ce qu'ils pourraient faire.

Mais le démon de l'obscurité avait à peine franchi

le seuil que le génie de la lumière entra avec un grand frisson d'ailes.

— Si tu éteins, j'allume, s'écria-t-il.

Et d'une étincelle il mit des clartés roses aux bougies.

Et puis il partit, poursuivant ce démon ténébreux qui, dans toutes les cabanes, éteignait les lampes et livrait le monde à l'obscurité. Et le bon génie de la lumière se glissant à sa suite vint tout réparer, et lorsque les lampes furent éteintes, les bougies s'allumèrent.

Mais le démon se retournant vit que la ligne tremblante des clartés s'était à nouveau éveillée, et furieux, en toute hâte, il revint à son point de départ. « Pff, pff, » fit-il, et il éteignit les bougies.

Et personne n'osa rallumer ce que le « Troll » avait éteint.

Il a éteint aussi la bougie! Que faire? et les pauvres craintifs se serraient toujours plus dans la nuit.

Mais le démon n'était pas dans la cour, que le génie de la lumière entra comme un doux rayon par la porte entr'ouverte et demanda tout bas :

— Y a-t-il des margotins dans la ferme?

— Certes oui, toute une provision fendue par le vieux père.

— Si tu éteins, j'allume! dit le génie de la lumière.

Il prit un paquet de margotins sur le tas, et les jetant dans l'âtre y mit le feu.

Et à mesure que les bougies s'éteignaient au loin dans les fermes, les bûchilles enflammées y ramenaient la gaîté. Alors le démon, voyant que la lumière brillait partout où il avait introduit les ténèbres, se précipita pour la troisième fois dans les cabanes.

« Poouh ! Poouh ! » fit-il, mais le petit bois ne voulait pas s'éteindre. « Poouh ! Poouh ! » Et ce ne fut qu'à la troisième fois qu'il réussit dans son œuvre.

Et personne n'osa rallumer ce que le « Troll » avait éteint.

Et les hommes angoissés plongés dans la nuit criaient : Que faire maintenant ? lorsque le génie de la lumière se glissa à nouveau dans la chambre.

— Allumez les bûches du foyer, que les branches de sapin crépitent !

Et voici : les flammes montèrent dans un joyeux tourbillon au creux de la cheminée et les yeux du bon génie reflétaient gaiement cette lumière, lorsqu'il s'écria :

— Si tu éteins, j'allume !

Partout où le sombre démon de l'obscurité éteignait les flambeaux pour la tristesse des hommes, le clair génie de la lumière allumait des feux éclatants pour leur joie, et ces feux flambaient si bien que la neige brillait sous le regard de la fenêtre et que la cime des sapins se colorait de teintes roses.

Alors la fureur du démon ne connut plus de bornes, les yeux hors de la tête, les joues gonflées, il se précipita dans la chaumière.

« Pouh ! Pouh ! Pouh ! » souffla-t-il. « Pouh ! Pouh ! Pouh ! » il haletait.

Mais plus il soufflait et tempêtait, plus les flammes montaient dans l'âtre et le feu flamboyait toujours plus clair sur le foyer. Et ce ne furent plus seulement les tas de neige devant la fenêtre et les sapins du voisinage qui reflétèrent cette clarté, mais la lueur monta par la cheminée jusqu'au ciel, si haut qu'on la voyait des plus lointains villages et même des villes étrangères.

Et le démon travaillait toujours et s'épuisait à souffler.... Mais tandis qu'il travaillait ainsi et s'époumonait sans réussir, la nuit avait cessé et l'aube était venue ; alors il ne fut plus besoin de flambeau, et le démon de l'obscurité se trouva avoir perdu son temps et sa peine.

Car le jour, les démons sont impuissants, et la nuit, le bon génie de la lumière veille sur ma patrie.

PATRONS ET FERMIERS

Dans cette nouvelle les paysans de Finnbacka sont les Finlandais et le patron de Ryssgard, le tsar. L'auteur y combat le découragement qui commençait à se manifester chez les paysans. Nous retrouverons cette même pensée dans plusieurs autres récits.

Patrons et fermiers.

Ce matin-là fut triste dans le *torp* de Finnbacka,
là-bas sur le rivage perdu du lac de Saïma. Les
paysans restaient assis de longues heures devant la
cabane, muets, l'âme sombre.

Sans échanger de paroles, ils demeuraient là, acca-
blés, regardant devant eux, sans voir. Ils auraient dû
depuis longtemps se rendre au travail que favorisait
un gai soleil de printemps haut sur l'horizon. Derrière la maison, le bouleau, fraîchement épanoui,
exhalait son parfum. Le champ était labouré, le cheval
attelé à la charrue attendait au bout d'un sillon, le
sac de grain restait ouvert au coin de la porte, mais
les hommes avaient perdu l'envie de semer. La fer-
mière avait même oublié de mener la vache au pâtu-
rage, comme tous les matins.

Car on avait reçu un message de l'intendant du
grand village, du village où est l'église, qui disait :
« Le patron de Ryssgard est de terrible humeur, il

menace de reprendre votre torp, à la Toussaint prochaine; cherchez une nouvelle demeure. »

Voilà la nouvelle qui avait consterné le vieux Finnbackafinn et les siens, car ils ne comprenaient point
ce brusque changement. N'avaient-ils pas toujours
vécu en bonnes relations avec le patron ? payé leurs
fermages régulièrement, et fait leur tâche en le temps
fixé ?

« Et puis, quelle ingratitude ? n'avons-nous pas
défriché ce désert, fertilisé ces champs par le soc et
la pioche ? c'était le palais de la gelée quand j'y vins
avec mon père, et nos premières années furent dures,
et maintenant que j'ai vaincu la glace et commence
à cueillir le fruit de mes longs travaux, il veut m'en
déposséder ! Et c'est, hélas ! sans espoir, car tous ses
autres fermiers ont déjà subi le même sort ! »

Mais la femme de Finnbackafinn se refusait à
prendre au sérieux ces menaces.

— Je ne le croirais pas, dussé-je l'entendre de mes
propres oreilles. Le vieux patron de Ryssgard n'a-t-il
pas dit à ton père Finnbackafinn : « Je te donne les
rivages du Saïma, cultive-les, défriche les forêts par
la hache et par le feu, bâtis-toi une maison et va de
l'avant, je te tiens quitte de tout fermage pour dix
ans. Et si, ce temps révolu, tes affaires ont bien marché, viens chez moi, je te donnerai de l'ouvrage sur
mes terres et tu me payeras un quart de la récolte. »
Et d'une poignée de mains le contrat fut signé.

— Les temps ont bien changé depuis: il paraît que le jeune patron réclame maintenant un contrat écrit et nous n'en avons certes point de tel. S'il veut nous chasser, ni pleurs ni prières ne pourront nous aider. Il a pour lui la force et, pour peu qu'il lui en prenne fantaisie, il ne nous donnera même rien pour l'expropriation de nos demeures.

Mais la femme de Finnnackafinn ne voulait rien entendre de tout cela. Elle avait, comme toutes les femmes, des idées personnelles et originales.

— La force, oui, la force, répétait-elle, mais ne sommes-nous pas ici aussi bien les maîtres que lui? Est-ce lui qui le premier a défriché le désert ? Si nous n'avions pas existé, que serait aujourd'hui cette contrée ? un repaire d'ours et de loups ! Quel mal s'est-il donné, pour avoir aujourd'hui le droit de nous voler les fruits de notre peine ? Est-ce sa sueur, ou est-ce la nôtre qui a coulé ici? L'homme qui a la force oublie de se poser ces questions.

Et elle continuait, avec cette même franchise et liberté de jugement :

— Tout cela n'est qu'un mouvement d'orgueil des jeunes patrons que poussent leurs envieuses épouses ; il y a trop d'arrogance dans cette demeure ! mais moi je garde foi en la parole de l'ancêtre.

Ayant dit cela, elle sortit dans la cour et ouvrit au troupeau la barrière du pré.

Quand elle revint à la maison, son mari et son fils

étaient toujours là, assis sans mot dire, la tête basse; elle s'écria :

— Advienne que pourra, qu'il veuille tout reprendre ou qu'il ne veuille pas, il ne l'a pas encore fait et cela ne nous servira de rien de nous consumer en plaintes et de perdre une bonne journée de travail; allons, mon homme, à ton ouvrage ! je vais au mien.

Le vieux Finnbackafinn s'éveilla de ses sombres pensées et dit à son fils :

— Aux champs, Thomas, nous avons vu des temps plus durs, quand l'ours décimait le bétail et que la gelée étouffait les semailles ; Dieu changera peut-être l'esprit de nos maîtres ; va en avant, je te suis avec les sacs; vaille qui vaille, il faut semer sans savoir qui récoltera.

Et durant toute la chaude journée, le vieux Finnbackafinn jeta la graine sur le champ, tandis que son fils guidait le soc de la charrue pour faire entrer le grain dans le sol, comme ses pères l'avaient fait des milliers de fois dans le passé.

1891.

LES VIEILLARDS DE KORPELA

L'on trouvera dans les notes de cette nouvelle les explications exactes des différentes allusions qu'elle contient. Elle fut écrite au lendemain même du coup d'Etat, et son optimisme est fait pour encourager les Finlandais à la résistance. Hélas ! il y a, malgré les espérances de l'auteur, quelque chose de changé dans Korpela.

Les vieillards de Korpela.

Korpela [1] avait toujours été un pays limitrophe au grand pays de Peltola [2]. Tous les ans, à l'été, on y menait paître les bestiaux de la grande propriété. Pour en améliorer les pâturages on avait brûlé une partie des forêts. Au début il avait fallu gérer les deux propriétés ensemble et fournir la petite de semences et d'outils, mais avec le temps elle était devenue une ferme autonome subvenant à ses propres besoins. Puis elle avait été à même de payer redevance et le baron de Peltola s'était décidé à remplacer l'intendant par un économe diplômé d'une école agronomique.

Mais Korpela était situé si loin derrière les sombres forêts et les marais déserts que les économes s'y ennuyaient à fendre l'âme et qu'il fallait sans cesse les relever de leur charge sur leur propre demande. Cela n'allait guère avec les nouvelles méthodes agricoles des barons, mais Korpela n'en éprouvait aucune gêne,

[1] La Finlande. — [2] La Russie.

car ses paysans étaient assez intelligents et suffisamment expérimentés pour mener à bien tout seuls les cultures autant que le sol pierreux et les marais le permettaient. On avait ainsi vécu de longues années sans économe, lorsque le bruit courut que le baron s'était soudain décidé à en envoyer un nouveau [1].

Ce nouvel économe avait demandé des gages plus élevés que les autres, mais avait promis en échange de gérer de façon magistrale la propriété. Ce n'était pas sa première expérience. On l'avait vu à l'œuvre dans d'autres fermes limitrophes [2] et l'opinion était qu'il savait s'y prendre.

Quand on apprit la nouvelle, on envoya une voiture et un courrier à sa rencontre. Le voyage était assez long et ennuyeux. Il durait plusieurs jours à travers des landes désertes et des marais sans profondeur. La route était ferme et sans pierres, mais tortueuse et montueuse.

A Korpela tout était en ordre, comme d'habitude d'ailleurs. La cour était soigneusement balayée, l'escalier et le vestibule brillants de propreté. On avait redoublé de soins pour ce visiteur de marque.

Quand le nouvel économe franchit la grille, il trouva l'intendant entouré de tous les ouvriers qui l'attendaient pour le conduire à la maison.

---

[1] Le général Bobrikoff.

[2] Les provinces baltiques, où le général Bobrikoff se distingua par une dureté toute militaire.

Tout le monde avait les yeux tournés vers lui et ce n'était pas sans curiosité que l'on se demandait quelle serait son attitude et ce qu'il dirait, car le bruit avait couru qu'il aimait à parler.

Le nouveau venu fut imposant, ne choisit pas ses mots et leur dit leur fait.

Il parla d'abord de la route ; cela est naturel à tout voyageur. Les vieillards de Korpela attendaient qu'on les félicitât pour leurs chemins si bien entretenus ; n'avaient-ils pas fait de leur mieux, n'avaient-ils pas, au plus fort de l'été, malgré l'urgence de leurs propres besognes, sué sang et eau à traîner des camions de sable ?

Mais ils ne reçurent que des injures.

La route était trop longue. Ils l'avaient comme à dessein faite montueuse et difficile, pour vivre à l'écart. Mais il la fallait faire droite et plus courte. C'était le désir du baron de voir ce pays limitrophe plus étroitement uni à la grande ferme [1].

Comme les vieillards ne répondaient rien, il poursuivit :

— Sur les terres de Peltola, vous le savez, il n'y a ni collines, ni vallons, tout y est plat [2]. Il faut qu'il en soit ici de même, il faut niveler vos collines et combler vos vallons.

---

[1] Allusion aux paroles de Nicolas II dans son rescrit du 15 février 1899 : Désireux d'affirmer davantage l'union...

[2] Allusion à la condition politique de la Russie.

Niveler et combler,.. murmuraient les vieillards en se grattant l'oreille, mais ils n'eurent le temps de rien dire, car l'économe continuait, se tournant vers les tenanciers et paysans.

— Il y a déjà longtemps que l'on se plaint de vous. Vous vivez ici comme si ces terres vous appartenaient. Mais il faut vous souvenir que cette ferme, meubles et immeubles, est inséparablement unie avec la grande ferme et que vous devez aimer les vastes propriétés de la grande ferme avec la même affection que vous manifestez pour vos champs, ce que vous n'avez malheureusement pas fait jusqu'ici. Pour faciliter cela et vous inculquer une conception vraie de la situation, j'ai l'intention de faire une vérification générale de vos contrats et d'en rayer tous les paragraphes incompatibles avec l'intérêt et la dignité de la grande ferme [1].

Puis, ayant dit cela, il fit appeler les valets d'écurie et les garçons de labour et leur demanda leurs noms. L'un des valets d'écurie qui faisait en même temps fonction de cocher et avait l'habitude de fréquenter les gens de qualité, prit la parole au nom de tous, souhaitant la bienvenue à l'économe et osant en l'occasion exprimer l'espoir que le monsieur ne fatiguerait pas trop les chevaux, les routes étaient dures et l'habitude ici était....

[1] C'est, sinon les termes, du moins l'esprit du rescrit de Nicolas II, modifiant la constitution finlandaise, véritable contrat passé entre le souverain et les habitants en 1809.

L'intendant lui coupa la parole avec sévérité ; il se promènerait ici comme *il* avait l'habitude. Il ne savait que trop que la coutume n'avait été imaginée que par l'intendant, le cocher et les valets d'écurie, qu'eux seuls prétendaient que la vitesse ne pouvait pas être la même sur leurs routes et sur celles de la grande ferme. Mais il se chargeait de les faire revenir de ce préjugé.

Sur ce, il tourna le dos au cocher et fit avancer ses futurs domestiques. Il eut pour chacun une remarque.

— Quelles sont ces curieuses chaussures à tes pieds ? Ah ! de petites bottines ! mon bonhomme, il faudra te procurer de grandes bottes [1] comme celles que portent les domestiques de la grande ferme.

— Et toi, mon garçon ! tu me feras le plaisir de mettre des pantalons plus larges [1] comme on en porte partout ailleurs, dit-il à un autre qui avait un pantalon étroit, suivant l'ancestrale coutume de Korpela.

— Ta chemise est trop blanche, dit-il à un troisième. Demande à ta femme une chemise rouge [1], cela t'ira beaucoup mieux et l'on ne distingue pas quand elle est sale... et si tu veux me faire un plaisir tu la laisseras flotter par dessus les culottes.

Enfin je crois bon de vous faire remarquer qu'à la grande ferme tout le monde porte la barbe [1], il me

[1] Allusions aux ordonnances enjoignant aux cochers de fiacre finlandais de revêtir la même tenue que leurs collègues de Saint-Petersbourg.

serait agréable, par souci d'uniformité, de vous voir laisser les vôtres prospérer en paix.

Il y avait aussi quelques femmes présentes à la réception. Se tournant vers elles il affirma qu'il savait apprécier la valeur des femmes, surtout dans les exploitations agricoles. Il était prêt à les combler de sa bienveillance, si elles faisaient leur devoir, mais si elles faisaient des rapports aux voisins, si elles critiquaient ses actes, il saurait arrêter leur langue en les baillonnant au besoin.

Après avoir distribué ces conseils et avis, l'économe ajouta qu'il aimerait les habitants de Korpela avec le même zèle que ceux de Peltola, à condition qu'on lui obéisse.

Les vieillards avaient silencieusement écouté ses paroles ainsi que les paysans ont l'habitude de le faire.

L'économe essayait de deviner leurs pensées en les dévisageant, mais leurs yeux étaient impénétrables et leurs visages raides n'exprimaient rien.

L'économe disparut dans la maison.

Les vieillards s'assirent sur la palissade et allumèrent leur pipe.

L'un d'eux, au bout d'un instant, dit :

— Il est très savant. Il n'y a pas vingt-quatre heures qu'il est ici et il sait déjà comment tout doit être ou ne pas être !

— C'est un homme sévère, dit celui dont on avait critiqué les pantalons.

— Comment cela va-t-il marcher ? demanda l'homme qui avait à se procurer une nouvelle chemise.

— Oh ! comme avant, répondit un des plus vieux. Aussi loin que je me souvienne, à chaque nouvel intendant, il a été question de ces pantalons bouffants et de ces chemises rouges, ce qui n'a pas empêché que nous ayons conservé nos vieux pantalons et nos chemises et, à moins que nous n'en changions de notre plein gré, il y a des chances pour que nous les conservions.

— Oh ! bien, il peut attendre.

Et les vieillards de Korpela, ayant causé quelque temps encore, mirent leur pipe dans leur poche et s'en furent comme si rien ne s'était passé.

Les vieillards avaient mille raisons d'être confiants, tandis que l'économe s'imaginait qu'il changerait et avait déjà changé quelque chose à Korpela.

1899.

LE DRAPEAU DE FINLANDE

❧

En 1899, par ordre du tsar, le drapeau finlandais, bleu et blanc, fut supprimé et remplacé par l'aigle russe. Cette mesure fut extrêmement sensible aux Finlandais et l'auteur cherche, dans un bel élan poétique, à rendre le courage et le bonheur à ses concitoyens.

❧

Le drapeau de Finlande.

Drapeau bleu et blanc de la Finlande, tu ne flotteras plus au sommet de ton mât, tu ne nous diras plus la bienvenue aux fêtes de la patrie.

Ton mât se dresse nu et solitaire et les cordes détendues claquent sans relâche dans le vent.

Ce fut la bourrasque impétueuse de la haine qui déchira ta toile blanche et bleue, ce fut l'ouragan de la jalousie qui l'emporta.

Mais à quoi bon maintenant les drapeaux qui flottent au vent et les banderolles accueillantes?

Ils flottent tout de même, bien qu'il soit défendu de les arborer, nous les voyons, bien qu'il leur soit interdit de paraître.

Naguère nous remarquions à peine leur existence.

Nous passions indifférents devant eux, maintenant leur éclat nous frappe de loin, leur absence est une lumière.

Jadis ils étaient confondus parmi les fleurs et les festons, aujourd'hui de toutes les décorations des places de fête ce sont les seuls ornements dont nous nous soucions.... Les regards montent tous au faîte des mâts vides, et c'est maintenant, maintenant seulement que nous les voyons s'agiter dans la brise. Nous les voyons se déployer et nous saluer comme ils ne le firent jamais. Nous croyons voir les drapeaux au faîte de chaque toit, nous en apercevons aux cimes des sapins, nous en remarquons aux branches des bouleaux et ils nous saluent encore du haut des mâts. Nous les voyons parce que nous *voulons* les voir.

Croyaient-ils donc nous avoir à jamais ravi notre drapeau? Croyaient-ils que nous pourrions mourir sans le revoir, oubliant nos couleurs pour adopter celles d'autrui?

Ne savent-ils point que le drapeau de Finlande se déploie, quand un nuage d'été aux courbes blanches plane sur un ciel d'azur, que nos couleurs resplendissent partout où les cimes couvertes de neige se dessinent sur l'horizon, que notre pavillon se trouve arboré là-bas sur le lointain des lacs quand passe une voile blanche?

Pourront-ils défendre aux nuages de voguer sous la voûte céleste? Empêcheront-ils la neige de luire dans son intacte blancheur, nos lacs de scintiller immensément bleus comme autrefois ?

Forceront-ils le ciel à changer de couleur? la neige à devenir grisâtre? Empêcheront-ils le soleil d'illuminer les voiles de ses rayons?

Leurs mains atteindront-elles *ces drapeaux - là* ? Pourront-elles les arracher ?

VIVE L'INSTRUCTION! VIVE LA PATRIE!

Ce récit fait allusion à la suppression du drapeau finlandais (bleu et blanc) ordonnée par le gouvernement russe. Le poète indique à ses compatriotes le moyen de braver l'oppresseur et de rester fidèle au vieux symbole de la patrie.

Vive l'instruction ! Vive la patrie !

J'ai fait récemment un voyage à Korpela. Quoique
ce village soit éloigné des routes fréquentées, l'intérêt
pour les choses publiques n'y est pas moindre qu'ailleurs. Il possède naturellement une école communale,
une salle de lecture et une association de jeunes gens.
Lors de ma visite, cette association avait précisément
décidé d'organiser une tombola et une fête populaire
pour la propagation de l'instruction primaire dans la
contrée. J'arrivai un samedi. On préparait la place
pour la fête du lendemain et les jeunes gens dres-
saient un mât dans la cour de l'école.

— C'est un mât de pavillon que vous dressez là ?
demandai-je.

— Eh oui ! que voulez-vous que ce soit d'autre ?
fut la réponse.

— Mais vous ne savez donc pas que l'autorité
supérieure a interdit les drapeaux ?

— Nous le savons ! répondirent-ils d'une seule

voix; le garde-champêtre est même venu nous le rappeler tout à l'heure.

— Et vous passez outre? vous dressez votre mât?

— C'est justement maintenant qu'il faut le dresser!

— Braves garçons, pensais-je, conquis par leur audace. Mais si le garde-champêtre vient pour faire baisser votre pavillon?

— *Notre* pavillon! ah! il ne le baissera pas! et ils se tenaient pour ne pas rire, échangeant entre eux des coups d'œil d'intelligence.

* * *

Le lendemain quand j'arrivai sur la place, instinctivement mes yeux se portèrent en haut du mât. Il était vide. Aucun drapeau n'y flottait.

Ils avaient, semblait-il, changé d'avis.

— Eh bien! et ce drapeau? on ne le voit pas! demandai-je à un jeune homme souriant qu'on m'avait désigné comme le président de la commission des fêtes.

— Vous ne le voyez pas! Mais il claque là-haut dans le vent....

Une sonnerie de fanfare avait éclaté, mon interlocuteur était déjà loin, grimpé d'un bond sur l'estrade.

« Mesdames, messieurs et très chers visiteurs. Je vous souhaite la bienvenue à cette fête populaire, comme à toutes celles que vous avez précédemment honorées de votre présence.

» Soyez les bienvenus dans cette enceinte au-dessus de laquelle flotte si joyeusement le drapeau bleu et blanc.... »

Tous les regards s'étaient portés au haut du mât, cherchant le drapeau, d'ailleurs en vain.

« ... Oui! continua-t-il, au-dessus de laquelle flotte si joyeusement le drapeau bleu et blanc, malgré la défense qui en a été faite. Vous ne le distinguez pas encore très bien, mais regardez attentivement, là-haut, au bout du mât. »

Le public ne comprenait pas très bien, mais, connaissant Juhola et son inventif esprit, il avait l'impression vague que quelque chose de drôle se préparait et il attendait le mot de cet énigme à coup sûr piquante.

« Oui! oui! mais regardez donc! Il se peut qu'on l'ait mis trop haut, c'est possible, mais il n'en est que plus grand.

» Allons, un premier prix! un prix d'honneur à qui le découvrira le premier! Regardez, fixez le haut du mât! Personne ne le voit? »

— Ah! je le vois, cria une voix d'enfant dans la foule.

— Comment t'appelles-tu?

— Ville Mattilas...

— Bon! Et personne d'autre ne le voit? Est-ce que là-haut ne flotte pas notre vieux drapeau bleu et blanc?

— Oui! il est là! oui! il est là! je le vois, crièrent plusieurs voix hâtives.

— Je le disais bien! tiens! voilà des gens clairvoyants! on le voit distinctement quand on *veut* le voir! Nous avions déjà peur qu'on ne le vît pas et qu'on pût croire que nous n'élèverions plus jamais notre drapeau au haut du mât! Honte alors à nous! Les yeux des vieillards doivent voir ce que les yeux des jeunes ont déjà aperçu. Eh! Pekka! le vois-tu? Prends tes lunettes si tu ne peux pas les distinguer.

— Pas besoin de lunettes pour voir une chose comme ça, qui flotte sur tout le ciel, répliqua une voix rude.

L'assemblée éclata de rire; elle commençait à comprendre.

— Bien répondu, Pekka! « qui flotte sur tout le ciel! » On peut appeler cela un drapeau! Est-ce que tout le monde le voit? Vous le voyez tous?

— Oui! nous le voyons maintenant.

C'était un tumulte de voix.

— Et ceux qui sont là-bas, est-ce qu'ils le voient?

— Oui! oui! oui! oui!

— Eh! si ce drapeau grand comme tout le ciel est en effet visible, qui est-ce qui peut lire ce qui est écrit dessus? Qu'est-ce qu'il a sur la tranche bleue?

— Vive l'instruction! crièrent les jeunes gens qui, la veille, avaient dressé le mât.

— Très bien! Vive l'instruction! Cela se lit à l'œil nu, et sur le blanc?

— Vive la patrie!

C'était une acclamation.

— Bravo! c'est que j'y peux lire aussi : « Vive l'instruction » sur un côté et « Vive la patrie » sur l'autre. Vive donc l'instruction! Vive donc la patrie! Vive donc le drapeau de Finlande!

L'orateur arracha son chapeau de sa tête, et toute la foule suivit son exemple et la fête commença par un « hourrah » sonore, immense, répercuté de bouche en bouche, tel que je n'en ai jamais entendu de pareil.

Au même instant les cuivres attaquèrent le refrain du chœur qu'entonnait la foule :

Si notre mât de pavillon reste vide et nu,
L'âme du drapeau demeure pourtant à jamais présente.

LA PITE DE LA VEUVE

Cette nouvelle fort touchante est un des épisodes, probablement exact, du grand mouvement pour l'instruction publique
qui a remué la Finlande dès le début de l'oppression.

La vieille Maïa est une piétiste, adepte des hommes religieux
qui ont agi avec beaucoup de force au milieu du dix-neuvième
siècle pour une épuration de l'esprit de l'Eglise en Finlande.

La pite de la veuve.

Le cours d'adultes était à ses débuts au village de Korpela, lorsque Maïa vint à la maison d'école. C'était une vieille « réveillée [1] » aveugle qui, appuyée sur sa canne, s'avançait à tâtons. Elle entrait dans la cabane qui servait d'école, s'asseyait sur le banc près de l'âtre et restait là toute la journée, écoutant les leçons en tricotant son bas, ses yeux vides attentivement dirigés du côté de l'instituteur à l'autre bout de la salle.

Un soir, après la classe, l'instituteur, un tout jeune homme, fils du pasteur de la paroisse, s'était retiré dans la chambre contiguë à la salle, pour se reposer, lorsqu'il entendit quelqu'un chercher en tâtonnant la serrure et Maïa, l'aveugle, entra.

— Vous n'êtes pas encore couché, Maître ? J'ai quelque chose à vous dire. Je ne sais pas si vous me connaissez, le pasteur me connaît bien, mais vous, je ne sais pas....

— Je vous connais très bien, moi aussi, dit le

[1] Piétiste.

jeune homme avec bienveillance. Asseyez-vous donc.

— Merci, je peux rester debout; ah! vous me connaissez! tout le monde me connaît! Voilà, j'avais
envie d'assister aux leçons, je suis venue et je vous
remercie bien. On dit qu'on répand ici de la lumière
parmi le peuple qui est dans l'ombre. Oui, oui, c'est
bien ça. Pour moi je sais trop ce que c'est que de
soupirer après la lumière. Je comprends bien qu'il ne
s'agit ici ni de la lumière des yeux, ni de celle de
l'âme; pourtant du peu que j'ai entendu j'ai déjà senti
que la chose devait être bonne et juste, puisqu'elle
commence et se termine au nom du Seigneur [1],
comme tout doit se faire. Je pense aussi que monsieur le pasteur n'aurait pas envoyé son fils sans raison. On prétend que les temps sont mauvais. Qui
sait, on viendra peut-être un jour introduire une autre
religion dans le pays et nous ôter la Sainte-Ecriture,
c'est bien possible, puisqu'on dit que même le maire
du village n'a pas pu parvenir à parler à l'empereur...
Alors voilà, j'ai pensé que, puisque tout le monde
donne quelque chose: l'un sa cabane pour servir de
lieu de réunion, l'autre des provisions, l'autre du bois
pour le feu, on prétend même qu'on s'est cotisé dans
le village pour acheter des livres; alors voilà, j'ai
pensé que, puisqu'une pauvre vieille comme moi ne
peut rien donner, et que je voudrais bien pourtant
continuer à assister aux leçons....

[1]. Par une prière et un cantique.

— Mais cela ne coûte rien, vous pouvez écouter tant que vous voudrez ! Maïa.

— Mais non, je ne voudrais pas assister aux leçons pour rien. Alors voilà, comme j'ai encore un peu de voix et que personne ici ne sait chanter, je vous demanderai la permission, si cela ne vous fait rien, d'entonner les cantiques. Je ne sais pas chanter d'après les nouveaux recueils, mais on pourrait peut-être s'en tenir à l'ancien livre ?

Le jeune homme, tout ému, accepta son offre et durant toute la durée du cours d'adultes de Korpela, la vieille Maïa, l'aveugle, dirigea le chant à la prière du matin et du soir.

UN PEUPLE EN REVOLTE

Cette nouvelle fait allusion au grand mouvement pour l'instruction publique qui a semblé aux Finlandais le meilleur et le
seul moyen de résister à la campagne russe qui ne veut rien
moins que supprimer la nationalité finlandaise.

En éduquant le peuple, on le rend fidèle à sa race, à sa
langue, à ses traditions; on lui fait comprendre la nécessité de
maintenir malgré tout l'idée de patrie.

Une résistance par les armes étant vaine, les Finlandais
n'étant que 2 500 000 contre 80 millions et plus de Russes, une
résistance passive est seule profitable, et c'est en offrant le moins
de prise possible aux attaques de l'ennemi que l'on a le plus de
chance de remporter finalement la victoire.

Un peuple en révolte.

Le signal d'alarme a retenti, l'appel a été transmis de village en village et de maison en maison.

La patrie est en danger. L'ennemi a franchi la frontière. Que les vieux et les jeunes, les hommes et les femmes se lèvent et se hâtent de courir sus à l'envahisseur. Il n'y a plus de temps à perdre; allons! debout! vous tous qui pouvez porter les armes et en route pour la frontière, afin de sauver avant qu'il soit trop tard le territoire menacé.

Ceux qu'une longue pratique avait exercés furent les premiers à leur poste prêts à combattre, sous la conduite des vieux stratèges.

Nuit et jour les forges chantaient l'hymne des épées nouvelles, sous le marteau les vieux glaives retrouvaient leur antique jeunesse et les chars roulaient, portant aux cohortes dépourvues l'arsenal des lames fraîches.

L'armée active fut vite au complet et entièrement

équipée, mais ce contingent de paix ne suffisant pas, on fit appel aux recrues nouvelles, aux réserves, tout ceux dont le bras pouvait supporter le poids des armes furent enrolés, les garçons comme les vieillards et même les femmes.

Il faut défendre le foyer menacé, empêcher l'ennemi d'envahir et d'occuper la maison.

Des estafettes traversent la lande déserte au galop. Elles vont là-bas pour instruire dans le maniement des épées les hommes disséminés. Leur bête écrase la mousse, enfonce dans les marais, foule les sentiers cachés. Les jeunes officiers ont une étoile au bonnet et le havresac au dos.

Il arrivent au village, on se précipite à leur rencontre au lieu de fuir au désert ou de se cacher dans la forêt ou d'enfouir les trésors dans la terre.

Les pères conduisent leurs fils au recrutement, les mères accourent traînant leurs enfants par la main, les vieillards sont aussi actifs que les jeunes, et les grand'mères qui ne peuvent plus rien apprendre sont tout de même là pour voir comment l'on enseigne les autres.

La commission d'enrôlement ne refuse personne, ils sont tous les bienvenus. L'exercice commence. La voix de l'instructeur résonne jusque dans la cabane. Il marque la mesure du pas. Les armes brillent, les bras se lèvent et s'abaissent, les commandements se succèdent.

On travaille sans relâche tous les jours. Ceux qui ont quelque occupation urgente aux champs ou ailleurs viennent le soir et travaillent souvent jusqu'à minuit passé.

Mais les espions se sont glissés à travers la forêt et derrière les haies regardent. Leur conviction est vite faite. La population est en révolte.

Et certes ils ont raison.

Le peuple est en révolte, il s'est soulevé tout entier contre l'ennemi.

* * *

Mais contre qui s'est-il soulevé? Contre quel ennemi ce peuple paisible a-t-il pris les armes?

Cet ennemi c'est sa propre faiblesse, c'est son ignorance. C'est donc contre lui-même, contre son ombre qu'il a tiré l'épée du fourreau.

Ceux qui furent les premiers sur le front des troupes, les premiers au combat, ce furent les vaillants soldats de l'armée active de la lumière. Et quelles furent leurs armes hâtivement forgées?

Ce furent des plumes pénétrantes comme des lances, des mots sifflants comme des balles, des livres éclatants comme des bombes!

Et que fait donc le sous-lieutenant, quel est ce mystérieux exercice auquel il entraîne les hommes?

Il leur apprend à lire, leur explique les secrets des chiffres, les initie à la science.

La craie scintille au tableau d'ardoise et dans les cabanes on entend épeler en cadence dans le silence des nuits d'été.

Les espions rampent le long des murs et s'imaginent que ce peuple s'est soulevé contre son maître!

LE VIEUX PASTEUR

Pour comprendre toute la portée de cette brève histoire, il est nécessaire de rappeler les détails suivants touchant les mœurs et l'histoire de la Finlande. Passée sous le protectorat russe en 1809, la Finlande se vit octroyer par Alexandre Ier une charte maintenant intégralement ses libertés et privilèges. Ce rescrit impérial, grande charte de la Finlande, se trouve affiché dans toutes les églises, qui sont encore à l'heure actuelle les seuls lieux de réunions de ces populations très disséminées. C'est là le tableau au cadre d'or dont il est fait mention à la fin du récit. Or, en 1899, le tsar Nicolas II, reniant sa propre parole et celle de ses ancêtres, publiait un nouveau rescrit supprimant aux Finlandais leur liberté. C'est ce nouveau rescrit qui est envoyé au vieux pasteur, qui, comme on le verra, se refuse à le lire trois dimanches de suite du haut de la chaire, suivant la coutume, et par une inspiration géniale lit, au lieu de l'arrêt de mort de la patrie, la promesse de vie faite sur son berceau.

Le vieux pasteur.

Le vieux pasteur ouvrit le sac aux lettres qui venait d'arriver, il en sortit les journaux qu'il passa à sa femme et à son suffragant. Une grande enveloppe scellée du sceau du chapitre lui restait entre les mains.

— Qu'est-ce cela ? dit-il, passez-moi les ciseaux, que nous voyions.

Le suffragant tendit au vieillard une paire de ciseaux, et resta debout regardant par-dessus son épaule. Le pasteur éleva l'enveloppe à la lumière, coupa prudemment la bande transparente et déplia lentement une feuille imprimée.

— C'est cela, dit-il, à lire en chaire trois dimanches de suite. C'est cela ! c'était donc cela ! eh bien ! cela ne sera pas lu !

Les lèvres pincées, il remit dans l'enveloppe la feuille qu'il en avait tirée, ouvrit son tiroir, y laissa tomber le pli et referma le tiroir.

— Qu'était-ce ? demanda sa femme derrière son journal.

— Un décret officiel, répondit le pasteur.

— Et pourquoi ne le lira-t-on pas? répliqua madame.

Mais sa question demeura sans réponse. Alors captivée par son journal, elle se remit à sa lecture sans insister.

— Hélas, soupira-t-elle un instant après, en posant son journal sur la table, toujours ces tristes nouvelles, quelle sera la fin de tout cela?

Le pasteur ne répondit point ; pourtant ses préoccupations le trahirent, quand il murmura, comme se parlant à lui-même :

— Il vaut mieux obéir à Dieu qu'aux hommes.

On avait tant et si souvent parlé de ces choses, que ce sujet manquait par trop d'agrément ; aussi la conversation en resta-t-elle là. Madame alla vaquer aux soins du ménage et le pasteur se plongea à son tour dans la lecture des journaux. Mais le suffragant qui avait lu la teneur de l'imprimé et qui marchait de long en large dans la chambre, d'un air soucieux, intervint:

— Croyez-vous vraiment pouvoir omettre la lecture du décret, mon oncle?

— Oui, dit le pasteur.

— Cela ne me regarde pas, c'est vrai, mais ne craignez-vous pas des désagréments?

— Que peuvent-ils me faire ?

— Mais est-ce prudent, est-ce juste d'exposer l'Eglise au danger, et par là peut-être tout le pays? Et surtout qu'il n'y a point de remède!... Ce décret a été promulgué et lu dans toutes les autres églises!...

Jusqu'ici le pasteur avait répondu sans quitter des yeux son journal; à présent il l'avait posé sur la table, ôté ses lunettes.

— Le décret a été promulgué et lu officiellement ailleurs! qu'est-ce que cela peut me faire? Que ceux qui ont cru devoir agir ainsi en supportent la responsabilité. Pour moi, voici mon opinion : si nous lisons cela dimanche, il nous faudra lire tout ce qu'on s'avisera de nous envoyer. Quant à la prudence et quant au danger, permettez-moi une question : les forteresses sont-elles faites pour nous servir de leur rempart ou devons-nous les livrer à l'ennemi par peur de les endommager? Après Dieu, l'Eglise est notre meilleure forteresse. Et maintenant quant à votre affirmation que cet acte est indifférent, je vous répondrai qu'il ne m'est point indifférent *à moi* de contribuer à quelque chose qui est.... que.... que je ne peux pas approuver.

— Oh, vous ferez ce que vous jugerez bon, mon oncle.... je voulais seulement....

— Elle est là et restera là, répondit le vieillard, en donnant un tour de clé au tiroir où il avait serré la lettre scellée du sceau du chapitre, et il mit la clef dans sa poche.

Il était déjà tard, le suffragant regagna sa chambre, le pasteur souffla la lampe et monta se coucher. Et les jours suivants on n'en parla plus.

* * *

Le dimanche suivant, lorsque le chantre apporta les proclamations à lire du haut de la chaire, les paroissiens remarquèrent que le pasteur lui dit quelques mots à l'oreille. Le chantre, en redescendant, gagna la porte de la sacristie, décrocha du chambranle un tableau au cadre doré [1], le monta jusqu'à la chaire où il le posa devant le pasteur. Et le pasteur ayant lu d'une voix forte, profonde et solennelle ce qui était écrit sur ce tableau, le rendit au chantre qui le reporta sans hâte là où il l'avait décroché.

[1] **Voir la notice précédente.**

UNE MÈRE

Les protestations officielles étant restées sans résultat, le 20 février 1899, un grand meeting eut lieu à Helsingfors où l'on résolut à l'unanimité d'envoyer une adresse nationale à l'Empereur. Un comité se forma. Une adresse fut écrite et une foule de volontaires partirent pour toutes les régions du pays, afin d'informer les habitants de l'adresse et les préparer à la signer.

Le dimanche 5 mars, dans toutes les églises eurent lieu des réunions, on y lut l'adresse et on reçut les signatures. Les jours suivants on la porta à ceux qui n'avaient pu venir à ces réunions. Dans chaque commune on élut des délégués qui partirent pour Helsingfors avec les listes des signatures.

Le 13 mars, les 500 députés se rassemblaient à Helsingfors. On cite même des paysans qui, habitant loin de toute agglomération et n'ayant pu recevoir la visite des délégués, firent signer leur famille et leurs gens et partirent pour Helsingfors faisant des lieues et des lieues pour porter les quelques noms ainsi recueillis. Le 12, le 13 et le 14 mars on travailla jour et nuit à compter les noms, à contrôler, classifier et relier les listes.

Le 14, on constata définitivement le nombre des signatures, il s'élevait à 522 931. Le jour suivant quelques listes arrivèrent encore avec près de 1 000 signatures.

524 000 noms (seuls les gens majeurs pouvaient signer) rassemblés en moins de deux semaines, dans un pays de 374 000 kilomètres carrés où sont dispersées 2 600 000 âmes (la capitale ne compte que 77 000 habitants), par un hiver rigoureux, lorsque la neige recouvrait toutes les routes, où les délégués firent des lieues sur leur patins : quelle plus noble preuve de l'attachement du peuple finlandais tout entier à son régime constitutionnel et du sentiment de solidarité de cette nation, lorsqu'il s'agit d'une violation de sa loi fondamentale et de son autonomie !

Après quelques délibérations les 500 délégués résolurent de se rendre en corps à Pétersbourg pour obtenir audience du tsar et lui présenter cette adresse monstre, unique dans l'histoire du monde. L'empereur refusa de les recevoir.

Une mère.

— Croyez à ma sincère sympathie dans le deuil qui vous frappe, je viens d'apprendre par les journaux la mort de Mme votre mère.

— Merci, me dit-il en me serrant la main ; certes, cela a été pour moi un coup douloureux, mais, voyez-vous, c'est plutôt avec joie qu'avec tristesse que je songe à cette mort.

Je ne pus réprimer un geste d'étonnement.

— Oh ! ne croyez pas qu'un seul instant de gaîté soit venu en moi, à la mort de ma mère, s'empressa-t-il de m'expliquer, mais elle n'avait pas beaucoup de joie dans la vie, étant âgée et malade. Elle me disait souvent qu'elle voulait mourir, que la mort, comme un soulagement, lui serait douce. Mais maintenant sa mort a pour moi comme un sens plus élevé, comme un caractère plus profond, que sa vie n'aurait pas eu.

Nous nous étions rencontrés dans la rue, et il continua en marchant :

— C'était à l'époque où l'on rassemblait les adresses ; le dimanche précédent, il y avait eu des réunions
dans tous les districts, et j'avais accepté de faire le
voyage pour porter les listes dans mon pays natal,
car, depuis la mort de mon père, nous étions venus
loger, ma mère et moi, à Helsingfors. Je m'apprêtais
donc à partir par le train du soir et je venais de faire
un tour en ville, quand, à mon retour à la maison
pour y chercher mes bagages, le premier mot que
j'entendis fut pour m'apprendre que, durant ma courte
absence, ma mère avait eu une de ses attaques habi-
tuelles, mais cette fois si décisive que le médecin ne
laissait plus aucune espérance. Ses instants étaient
comptés, je ne la retrouverais certainement point en
vie, si je la quittais ce soir-là.

Je courus à sa chambre, elle allait un peu mieux et
avait repris pleinement connaissance.

Elle savait que je devais partir, connaissait la raison du voyage ; elle s'était beaucoup tourmentée (non
point à cause du voyage, qu'elle m'encourageait au
contraire à entreprendre), mais bien à cause des
épreuves que traversait la patrie, et cela avait contri-
bué dans une large part à surexciter ses nerfs et à
faire empirer son mal.

Pour la calmer, je lui dis de suite que je ne parti-
rais pas.

— Pourquoi ? me demanda-t-elle. Qui t'empêche
de partir ?

— Mais je ne puis point te laisser à l'heure peut-être de notre dernière séparation.

— Pourras-tu trouver un remplaçant pour faire le voyage à ta place ?

Je dus bien lui avouer que c'était à cette heure impossible et qu'il ne fallait même pas y songer.

— Mais alors il ne pourra pas y avoir de réunion pour signer l'adresse ? me dit-elle.

Cela devenait en effet impossible. Elle saisit vivement ma main :

— Cela ne doit pas être ; pars tout de même, mon fils, je ne veux pas être cause de cela, va. Pas de réunion ! non, cela ne se peut pas, cher enfant...

Elle fut interrompue par une attaque de toux ; elle dut se taire. Je crus que c'était la fin ; mais, l'ayant soulevée entre mes bras pour la replacer sur l'oreiller, elle eut encore la force de me dire :

— Adieu, je te dis adieu, si nous ne nous voyons plus dans cette vie ; peut-être ne mourrai-je pas, mais si durant ton absence il me fallait mourir, j'aurai au moins fait quelque chose, sacrifié quelque chose ; ce n'est pas beaucoup, aussi peu que toute autre chose que je..., que peut une brave femme comme moi ; je n'ai pas su vivre pour la patrie, peut-être pourrai-je mourir pour elle ; comme cela, au moins, j'aurai pu faire quelque chose.

Maintenant, adieu, ne t'attriste pas, va, afin de ne pas arriver en retard.

Je dus faire sa volonté, je vis qu'en restant je ne lui eusse fait que du chagrin. Quand je fus prêt à partir, elle me dit encore : — As-tu la liste ? J'aurais voulu signer aussi, mais je n'ai plus la force : signe pour moi, mon cachet est dans le tiroir de la commode, et dis-leur à tous là-bas de signer. A Lisa, à Maja et au vieux Heikki, dis-leur que la vieille épouse de leur pasteur est morte, je veux dire presque, et qu'elle leur envoie ses salutations ; mais j'ai confiance en eux, ils le feront d'eux-mêmes.

J'arrivai au train à temps. Je fis le nécessaire. A mon retour à Helsingfors, ma mère était morte, la garde qui l'avait soignée me dit qu'après mon départ elle avait été très inquiète ; elle avait peur que je ne fusse pas à temps pour le train. De temps en temps elle avait regardé la pendule, puis s'était calmée, une fois assurée que j'aurais eu le temps de revenir si j'avais manqué le train. Comme je n'étais pas revenu, elle avait dit :

— Dieu soit loué qu'il n'ait pas manqué le train, et qu'à cause de moi il n'ait pas....

Elle avait ajouté d'une voix à peine perceptible : — Dieu garde la patrie et me garde !

Ce furent ses dernières paroles.

Et vous comprenez maintenant peut-être pourquoi c'est avec joie et non avec tristesse que je songe à la mort de ma mère bien-aimée.

FLEURS ÉTERNELLES

Après l'insuccès des démarches officielles et de la grande pétition nationale, les Finlandais manifestèrent d'une façon tout particulièrement touchante leur tristesse.

Ils se souvinrent d'Alexandre II, l'emprereur libéral, dont la statue s'élève sur la grande place d'Helsingfors, au pied de l'église Saint-Nicolas, entre l'université et le Palais du Sénat, entourée des quatre grands attributs de son règne : La Loi, la Paix, la Science et la Poésie, et le Travail.

Le jour qui suivit la promulgation du fameux décret du coup d'Etat, une jeune fille de la bourgeoisie vint au pied de ce monument et déposa sur l'écusson d'un des groupes une couronne de fleurs voilée de crêpe.

Le mot « Lex » se trouva caché sous le crêpe.

Cet exemple fut compris. De toutes les parties de la Finlande on envoya des couronnes avec des devises significatives sur de larges rubans.

Les fleurs, suprême symbole de la tristesse de ce peuple, demeurèrent fraîches au pied du monument, car les filles du peuple les soignèrent avec une sérieuse piété, ne laissant jamais une fleur fanée, mais les renouvelant toujours.

C'est ce culte touchant qui a inspiré au poète les pages suivantes.

Fleurs éternelles.

C'est l'hiver, la neige froide tourbillonne sur la
plaine et couvre d'un blanc linceul les marais, les
coteaux et les grands lacs gelés.

Et pourtant voici que surgissent de la neige,
comme par quelque charme, des fleurs exquises.

Et ces fleurs se tiennent en couronnes, et ce sont
des couronnes de deuil qui couvrent le tombeau des
plus grands souvenirs de notre peuple, et le regret de
notre impérial bienfaiteur leur donne la grandeur d'un
pieux symbole.

Et pourtant ces fleurs de deuil ne sont pas filles de
notre chagrin, et leur âme ne sent pas vibrer en elle
que des regrets. Non, elles sont cueillies dans le jar-
din de l'espoir et de leur calice monte un parfum de
confiance vers des jours meilleurs. Et c'est pourquoi
elles ne gèlent point, sur le froid granit, et ne se fanent pas et ne disparaissent pas sous la neige, mais
chaque nuit de nouveaux boutons se forment qui
fleuriront demain.

L'aurore amène des fleurs nouvelles au pied de la statue, mais celles d'aujourd'hui se confondent avec celles d'hier, et l'on ne peut s'empêcher d'évoquer ce feu sacré qui, sur l'autel des temples antiques, jetait son éternelle lueur, ce feu sacré dont l'extinction prédisait la calamité et le deuil sur la patrie.

Aujourd'hui, c'est un feu de fleurs aux flammes rouges, bleues et jaunes, et ce sont les filles du peuple qui, comme les vestales d'autrefois, veillent sur lui. Elles savent le symbole, elles craignent de voir s'éteindre ce feu si pur. Cela ne signifierait-il pas que l'espoir n'est plus dans le cœur du peuple ?

Aussi ne laissons pas éteindre cette flamme de fleurs, attisons-la chaque soir et chaque aurore, laissons son doux parfum s'étendre d'année en année jusqu'au jour où tout sera de nouveau comme auparavant. Qu'elle nous rappelle notre bonheur d'autrefois qui nous fut dérobé.

Portons-y la première anémone du printemps et la dernière bruyère de l'automne, prenons à nos parterres d'été les glaïeuls aux longs parfums, dépouillons nos prairies de leur parure et nos rivages de leur charme. Que chacun, durant l'hiver aux longues nuits, soigne sur l'appui de la fenêtre de son humble chaumière une fleur impériale.

Et qu'aucun de nous n'oublie, en quittant sa province lointaine, de nouer une gerbe odorante pour l'offrir à la déesse de la loi.

Et notre espoir ainsi ne s'affaiblira pas, et le souvenir des jours passés ne s'effacera pas de nos mémoires et notre inébranlable foi en des jours meilleurs ne perdra rien de sa fraîcheur.

LE GARDE DE LA STATUE

Le 13 mars 1899, jour anniversaire de la mort d'Alexandre II, la grande place d'Helsingfors était pleine d'une foule silencieuse et recueillie. Il avait gelé très fort dans la nuit, et les fleurs des couronnes étaient recouvertes d'une mince couche de glace. Tout le matin la foule défila sans un cri, sans un bruit devant le monument et apportait encore des fleurs fraîches. Depuis la veille, les 500 délégués de toute la Finlande étaient dans la ville et tous se trouvaient là sur la grande place. La foule, dès le début de l'après-midi, s'était faite tellement dense, qu'il était impossible d'avancer. On attendait quelque chose, mais nul n'aurait pu dire quoi. Alors subitement, vers trois heures, un inconnu dans la foule entonna au milieu de l'immence silence la première strophe du choral de Luther. « C'est un rempart que notre Dieu ». Toutes les têtes se découvrirent et le peuple entier d'une seule voix comme d'un seul cœur reprit :

C'est un rempart que notre Dieu, — Si l'on nous fait injure,
Son bras puissant nous tiendra lieu — Et de fort et d'armure....

Et ce cantique sublime redit par toute une nation n'ayant plus qu'une seule espérance : la confiance en Dieu, avait quelque chose de si solennel et de si poignant que je connais peu de pages plus émouvantes et plus grandioses dans l'histoire. Et puis après le psaume, la foule d'elle-même, chanta le superbe poème de Runeberg, qui est l'hymme national de la Finlande·

« Vart Land » (Notre pays) avait été déclaré, par l'autorité russe, chant séditieux, et les employés avaient été prévenus qu'ils ne devaient plus lui rendre les honneurs comme par le passé.

Le garde de la statue.

C'est le jour des fleurs, au pied de la statue impériale. Le socle du monument est enfoui sous les guirlandes et les bouquets. Des milliers de personnes couvrent la place. Pas un bruit : le silence d'un enterrement.

Des gendarmes russes circulent.

Un gardien de la paix, ci-devant soldat, monte la garde auprès de ce monceau de fleurs. Tranquille et sérieux, le visage n'exprime ni joie ni douleur. Mais je lis ses pensées au fond de ses yeux bleus.

« Pourquoi m'a-t-on posté ici ? Est-ce pour garder quelque chose ? — Les fleurs ? — Mais personne n'a l'air de vouloir les prendre ; au contraire, on en apporte de nouvelles. Est-ce peut-être pour maintenir l'ordre ? Mais le public s'en tire à merveille lui-même. — On m'a dit de rester ici jusqu'à ce que le dernier spectateur fût parti. Faudra-t-il donc y passer ma vie ? Enfin ! J'aurai monté une fois la garde d'honneur auprès de l'empereur et des lois fondamentales.... »

Soudain, au milieu de la foule, on entonne un cantique.

C'est un rempart que notre Dieu, dit le chant qui monte des escaliers de l'Université. Les voix des personnes qui occupent les terrasses de l'église Saint-Nicolas se joignent aux premières. Tout le monde se découvre.

L'agent de police ôte son bonnet et le tient à la main gauche, comme aux manœuvres pendant la prière.

« Voilà un beau cantique, dit-il. »

Il replace lentement le bonnet sur sa tête. Une larme brille dans ses yeux. Il se détourne pour la cacher et feint de regarder les fleurs au pied de la statue·

« C'est un cantique merveilleusement beau ! »

Un nouveau chant commence. C'est *Notre pays.*

Les têtes se découvrent encore. Le garde porte rapidement la main à son bonnet, mais il tressaille, baisse le bras, le relève à moitié, le laisse retomber et semble ne pas savoir ce qu'il doit faire.

« Ça c'est défendù.... on nous a donné des ordres... Il ne faut pas rendre les honneurs pour les chants nationaux. Les gendarmes sont là, le bonnet sur la tête, les mains aux côtés. »

Il reste songeur, on voit qu'il se livre en lui une lutte intérieure. La main se lève et retombe, essayant de se maintenir au bord du bonnet.

Il sera congédié peut-être,... on lui ôtera sa place,... sa femme et ses enfants n'auront plus de pain.... On renverra tous les agents de police finlandais, les chefs eux-mêmes.... Qui mettra-t-on à leur place ? Ces gendarmes là-bas !

Sa main est retombée, elle se relève encore, puis s'abaisse.

Mais le chant devient plus fort, plus solennel ; des milliers de voix s'y joignent, vibrantes de confiance et d'enthousiasme.

« C'est le chant de mon pays ! C'est le chant de mon peuple ! A quoi ne rendrais-je les honneurs si ce n'est à cela ! Peu m'importe ce qui en résultera ! »

La main vole au bord du bonnet. Comme au commandement, le vieux soldat fait front contre la foule et jusqu'à la dernière note du chant il reste rivé à sa place, imposant comme une statue de bronze, le visage tourné vers le peuple et, derrière lui, l'écusson de la Loi. Sa face exprime la tranquillité, la paix, une confiance inébranlable. Un éclair de joie brille dans ses yeux. Ses lèvres remuent en mesure avec les dernières notes.

Une main de femme dans la foule jette un petit bouquet. Après avoir décrit un arc au-dessus des têtes, il vient tomber aux pieds de l'agent de police.

Il se baisse, prend les fleurs, et, au milieu d'un formidable *Hurrah pour la patrie!* qui part de la foule, il lance le bouquet au pied du Lion, le Lion de la Loi.

HEIKKI DU DÉSERT

L'adresse, dont parle cette histoire, après avoir été signée d'un millier de noms parmi les plus illustres du monde dans les arts et les sciences, fut portée au tsar par une délégation ayant à sa tête M. Trarieux. Cette démarche au nom de la justice et de la clémence fut vaine. Le tsar refusa de recevoir les délégués, mais les Finlandais surent prouver leur reconnaissance, pour cet acte spontané et sans précédent dans l'histoire, par un inoubliable accueil aux membres de la délégation.

Heikki du désert.

Heikki du désert était assis dans un coin du salon du pasteur. Il écoutait ces messieurs du presbytère parler avec enthousiasme de la grande adresse des étrangers et de la réception solennelle qu'on leur avait faite à Helsingfors. Les jeunes déclaraient que la Finlande se trouvait de ce fait comme élevée une seconde fois « au rang des nations » [1], puisque des hommes, parmi les plus distingués du monde entier, avaient fait leur notre cause; ils ajoutaient qu'on nous connaissait maintenant partout, et qu'on parlait de nous, et qu'on pouvait donc vivre désormais avec confiance et mourir avec honneur, s'il fallait mourir.

— C'est bien intéressant d'apprendre tout cela, fit Heikki, se mêlant soudain à la conversation. Ce sont de braves gens, ces messieurs célèbres, ça c'est sûr ! Pensez donc! venir de si loin pour notre pauvre cause,... oui, ce sont de braves gens.... Mais c'est

[1] Paroles d'Alexandre Ier.

dans le malheur qu'on connaît ses amis.... je sais ça....
il m'est arrivé la même chose....

— Quelle même chose, Heikki?

— Tiens, mais la même chose qu'à la Finlande....
Vous connaissez, n'est-ce pas, mon domaine ?

— Oui, depuis que nous y sommes venus chasser.

— C'est cela même, c'est à quoi je pensais. Ce
n'est qu'alors que vous avez appris à connaître mon
domaine, mais auparavant personne n'avait entendu
parler de Heikki dans sa chaumière du désert, et
serais-je mort de faim, — il s'en est fallu de peu bien
des fois, — que personne n'en aurait rien su.... C'est
pourquoi je chanterai toute ma vie la louange des
ours.

Les ours faisaient chaque année des ravages dans
la contrée et notre désert est, vous le savez, le plus
terrible repaire d'ours du monde. Il n'y a que la
gelée qui soit plus terrible. Demander le secours du
voisin, il n'y faut pas songer. Venir jusqu'ici vous
chercher, nous ne l'osions pas, et personne ne
venait chez nous s'inquiéter de nos besoins jusqu'au
jour où les ours poussèrent trop loin leurs ravages.
Ils avaient tué notre dernière génisse et n'auraient
pas épargné notre cheval, si celui-ci ne s'était ré-
fugié dans la cour intérieure. Alors ma femme me
dit : « Heikki, il faut le faire savoir. » Je ne voulais
pas tout d'abord; je pensais : Qu'est-ce que je vais
faire là-bas? Tout de même je me suis décidé, je suis

venu ici, je vous ai raconté la chose et vous m'avez
aidé à les chasser. Je sais bien que cela n'a pas fait
grand'chose. Il en est resté! Seulement voilà, nous
avons fait connaissance, vous avez appris qu'au désert
il y avait un petit domaine.... vous le connaissez tous
maintenant.... et une fois le chemin tracé, on l'a foulé
durant tout l'été, vous êtes venu chez moi, je suis
venu chez vous. Autrefois quand moi, pauvre vieux,
je venais ici, on n'osait pas me faire crédit et je ne
me serais pas risqué à demander le moindre petit ca-
deau. Je savais bien qu'on se disait: Qu'est-ce que
c'est que celui-là? quelles sont ses garanties? Maintenant c'est changé; quand je viens, on me dit tout de
suite : « Tiens, voilà Heikki du désert! Comment va? »
On me connaît et je peux remplir mon sac.

Eh bien, voilà ce que je voulais dire : si les ours
n'avaient pas fait tant de dégâts chez moi en prenant
leurs ébats pendant le grand été d'ours.... alors.... eh
bien, je veux dire: Les ours, ça a quelquefois du bon!

AU PASSAGE DU TRAIN

Le général Bobrikoff, gouverneur russe de la Finlande, voulut profiter du voyage que le grand-duc Wladimir désirait faire à la frontière svéco-finnoise pour recueillir sa part dans les ovations que le peuple, se disait-il, ne manquerait pas de faire à Son Altesse Impériale. Cet oppresseur, abhorré des Finlandais, pourrait ainsi, continuant sa campagne de mensonges, dire à Saint-Pétersbourg : « Vous voyez, le peuple finlandais m'aime et ceux qui réclament ne sont que quelques meneurs. » Mais sa finesse n'avait pas tout prévu ! Un mot d'ordre fut donné et le grand-duc Wladimir eut l'impressionnante vision d'une Finlande absolument déserte. Dans tous les villages qu'il traversa, il ne rencontra pas un être vivant, tout le monde étant parti aux champs, à la pêche ou ailleurs, et ceux dont les fonctions nécessitaient l'absolue présence firent comme le héros de cette courte et symptomatique nouvelle.

Au passage du train.

Le train spécial venait de passer, lorsque le train-poste ordinaire entra en gare. Une gare perdue, tout au nord, au bord du désert. Je descendis là et continuai ma route dans la charrette d'un vieux paysan qui s'en retournait chez lui, après avoir conduit un voyageur à la gare.

— Vous étiez à la gare aujourd'hui, quand le train spécial a passé? lui demandais-je pour entamer la conversation.

— Oui ! me répondit-il tout sec.

— Et IL était là ?

— Faut croire.

— Eh bien, vous l'avez vu? Vous ne l'avez pas vu?

— Non, dit-il après un moment de silence.

— Vous n'étiez pas sur le quai alors ?

— Siii ! fit-il en traînant sur le mot.

— Et vous ne l'avez pas vu ?

— No-on !

— Ce n'est pas possible ! Vous étiez sur le quai et vous ne l'avez pas vu ?

Il attendit encore un bon moment puis me répondit:

— J'ai tourné le dos.

LE VIEUX PARLE....

Pour échapper au service militaire russe, beaucoup de jeunes Finlandais prirent le parti de s'expatrier, causant ainsi le plus grand tort à l'industrie du pays, et privant le parti de la résistance de défenseurs précieux. C'est pour combattre l'émigration que *Juhani Aho* écrivit cette nouvelle.

Le vieux parle....

Il y avait longtemps qu'il était assis près de la fenêtre, au bout de la table, et qu'il écoutait silencieux
ses fils discuter au milieu de la pièce faiblement éclai-
rée; soudain il se leva, appuya ses grosses mains sur
la table et dit :

« Et ce sont dès hommes qui disent de telles
choses! Des hommes jeunes et vigoureux, qui ont
une échine de loup, une épaule de taureau et un
poing lourd comme une patte d'ours!

» En Amérique ? — de l'autre côté de l'Atlanti-
que ? Voyons! la vie en Finlande ne vaut donc plus
rien et un homme ne la peut-il plus supporter ? — Et
par bande encore! Tous ensemble ils prendront la
fuite, laissant les femmes, les enfants et les vieillards
à la merci de l'ennemi !

» Et ce sont des garçons braves, de vrais héros en
herbe, et ce sont mes fils! — Le voilà donc ce jour
de fête attendu! Ils fuient devant les menaces, ils

courent épouvantés, abandonnant leur pays et leur sol avant que nul ne soit venu le prendre!

» D'où vous vient cette audace? Certes pas de vos ancêtres! On n'eût point fait cela, du temps de vos aïeux. Abandonner les champs et la maison, à la première rumeur, au premier bruit d'un danger? Mais cette ferme ne serait pas ce qu'elle est, si l'on avait agi ainsi! Et même si c'était vrai, si l'on exécutait les menaces, si l'on faisait ce dont on parle, quel nom donner à celui qui jouerait des jambes à l'instant où l'on aurait besoin de lui? Un lâche, n'est-ce pas?

» Nous avons dû fuir aussi, c'est exact! Mais c'était à la dernière minute et l'on ne se réfugiait que dans la forêt et non derrière les mers. On ne passait à l'étranger que contraint et forcé, et encore avec l'idée de revenir, et l'on revenait.

» Et en ce temps-là, il ne s'agissait pas de cinq ans de service militaire, mais de dix ans! Et l'on revenait tout de même. Mais vous, mes garçons, vous n'avez pas l'intention de revenir. Le chien qu'on fouette revient au logis, le chien qui ne cherche que son plaisir ne revient pas.

» Vous dites que vous enverrez de l'argent. Nous n'en avons que faire, ce qu'il nous faut c'est vous et votre énergie! Tout ne s'achète pas, quoiqu'on dise. Ce n'est pas avec l'argent qu'on a cultivé ce champ, ce sont ces deux bras que voilà qui ont défriché la forêt, desséché les marais et retourné la terre. —

Vous enverrez de l'argent! Et à qui, si tout le monde s'en va ? — Ah! tous ne s'en iront pas ? — Mais pourquoi les uns et pas les autres ? Pourquoi pas brûler la ferme et détaler tous en bande ? C'est peut-être moi qui dois rester pour faire l'exercice à votre place ? Ça ne sera pas la première fois. J'ai déjà marché pour vous dans les sillons et présenté ces armes qui s'appellent la charrue et le soc, mais je croyais alors que mes garçons marcheraient sur mes traces.

» Vous dites que ce n'est pas par crainte des Russes que vous filez. Vous trouvez qu'il ne vaut pas la peine de rester en Finlande, sur cette terre gelée où ne pousse que peu d'argent. Les salaires sont plus élevés là-bas. On prend ce qu'on reçoit, et si ce n'est pas vous, ce sera d'autres. Ah! il y a longtemps qu'on aurait pu partir ! Avons-nous été assez bêtes, mes ancêtres et moi, de ne pas avoir lâché le pays, quand le froid et la gelée détruisaient tout et que le travail manquait. En ce temps-là, il n'y avait pas d'entreprises d'Etat, ni de fabriques, ni de métairies, ni de scieries. Il n'y avait pas de caisse d'Etat et de caisse communale à qui emprunter. On vivait comme on pouvait, et si l'on ne pouvait plus vivre, on mourrait bravement sur le champ de bataille, mais on ne s'enfuyait pas. C'était sans doute bête, très bête de rester ici en attendant des jours meilleurs, au lieu de courir le monde à la recherche de la fortune.

» On mangeait du pain d'écorce en ces jours-là. Les

champs sont peut-être trop durs maintenant et le pain trop sec. Je ne sais pas! Mais ce que je sais, c'est que le Finlandais peut ce qu'il veut quand il serre les dents et ne se plaint pas. L'œil s'assombrit et le cœur s'aigrit. Le pain de l'étranger nourrit la colère, et les miettes d'autrui donnent de l'amertume dans l'âme. Celui qui n'a pas souffert de l'injustice, ne sait pas apprécier la justice. Mais vous n'êtes pas de ceux qui serrent les dents. Vos dents sont gâtées et votre œil est terne. Vous n'êtes pas faits pour gérer cette ferme. Allez-vous-en et faites vite. Mais ne comptez pas sur moi pour payer le voyage, comme je vous dispense de rien envoyer. Et quand je serai mort, ne vous dérangez pas pour la succession : mon valet Matti saura vous remplacer. »

Le vieux se tut, se leva et rentra dans sa chambre, près du vestibule. Ses fils restaient là, silencieux, accroupis sur leur banc, les coudes aux genoux. Puis ils sortirent l'un après l'autre de la chaumière. Dans la cour ils s'arrêtèrent ; le lac dormait à leurs pieds : ils le regardèrent longuement, puis, toujours pensifs et silencieux, gagnèrent leurs mansardes.

Mais le lendemain ils étaient tous les trois au travail, le premier labourait vigoureusement le champ, le second creusait courageusement les fossés et le troisième rentrait en hâte les foins.

Et l'on ne parla plus jamais de l'Amérique.

A LA DIÈTE COMMUNALE

L'épigraphe que l'auteur a placée en tête de cette nouvelle en *indique suffisamment* la portée. Le poète dit à ses compatriotes ce que le Christ disait au jeune homme riche : « Va et fais de *même* », c'est à dire : devant l'attaque de l'ennemi, cessez vos querelles au sujet des prérogatives de langues, aidez-vous les uns les autres. L'ennemi est aux portes de Byzance, il n'est plus temps de délibérer. Le pays était en effet divisé en deux camps : les svécomanes ou partisans du Suédois, les fennomanes, défenseur du Finnois. Le poète a d'ailleurs été écouté et la concorde règne actuellement entre les partis.

A la diète communale.

La discussion était chaude à la diète communale.

Il s'agissait naturellement de l'éternel brandon de discorde : la création d'une école populaire dans une région où les deux langues finnoise et suédoise étaient en usage.

La commune était divisée en deux partis à peu près d'égale puissance qui suivaient aveuglément leurs chefs. Celui des svecomanes était un baron, celui des fennomanes un professeur retraité qui s'était retiré à la campagne.

Les partis se succédaient au pouvoir suivant des majorités occasionnelles à la diète, et le résultat de cette intermittence était que les décisions d'une diète étaient fatalement rejetées ou tout au moins violemment discutées à la suivante.

La question des écoles était le plus fréquent et le plus disputé des champs de bataille.

Il avait fallu en appeler et faire intervenir le gou-

vernement pour organiser les écoles les plus indispen-
sables, mais la paix ne s'était jamais faite à leur sujet.
C'était conflit sur conflit, chicane après chicane, que
ce fût à propos du matériel, ou de l'entretien du bâtiment, ou de la nomination des professeurs.

La question actuellement à l'ordre du jour était la
création d'une nouvelle école, école finnoise dans
une circonscription suédoise de la commune.

La proposition émanait du professeur retraité et le
baron avait tout de suite préparé une contre-proposition.

Les deux leaders étaient assis aux deux bouts de la
grande table de la salle de la mairie et leurs partisans
se tenaient derrière eux le long du mur.

La lecture du projet terminée, le professeur conclut
par ces mots :

« ... N'est-ce pas une criante injustice, qu'une cen-
taine d'enfants en âge d'aller à l'école soient privés
d'un enseignement nécessaire. Nous espérions que
ces messieurs svecomanes se préoccuperaient d'eux-
mêmes de cette situation faite à leurs administrés,
sans se soucier de la langue qu'ils parlent, car ce sont
leurs administrés, puisque leurs parents travaillent
depuis de longues années chez leurs seigneuries et y
sont engagés comme salariés.

» Nous l'espérions, mais ce fut naturellement en
vain. Et puisqu'ils n'ont pas su remplir un aussi légitime devoir, force a bien été de nous en occuper
nous-mêmes. »

— Monsieur le président, — le baron s'était levé,
— je proteste énergiquement contre l'insinuation
qui vient d'être portée devant vous. On voudrait
faire croire que nous, les Suédois, ne sommes point
d'assez chauds partisans de l'instruction et de l'enseignement populaire. Telle est la thèse soutenue par
M. le professeur et ses amis. Je suis au contraire
d'avis que l'on fonde autant d'écoles que l'on en
puisse désirer. Mais puisque l'on soulève la question
de ce qui est juste et raisonnable, j'ai le droit d'exi-
ger que les enfants qui parlent suédois jouissent des
mêmes faveurs que ceux qui parlent finnois. Je ne
m'oppose nullement à la création de l'école deman-
dée, mais je propose que la diète vote subsidiaire-
ment l'établissement d'une école suédoise au village
de Ylilä, où les enfants suédois sont privés d'instruction dans leur langue maternelle.

— Si j'ai bien compris l'amendement de M. le
baron, l'école finnoise de Alila ne saurait être créée
sans l'établissement simultané d'une école suédoise
à Ylilä.

— Parfaitement, monsieur le professeur.

— Dans ces conditions je me vois obligé de m'op-
poser à la proposition. Les communes ont évidemment le droit de discuter librement leurs affaires en
particulier et cette proposition ne limite pas leurs
prérogatives, mais je dois dire que les intérêts de
l'instruction parmi la minorité suédoise sont déjà sau-

vegardés plus qu'il n'est nécessaire. Si je me base sur les données numériques, je vois que nous avons ici autant d'écoles suédoises qu'on en peut raisonnablement désirer. L'école de M. le baron me paraît donc devoir faire l'objet d'une proposition séparée, car il n'y a aucune communauté d'intérêts entre nos deux projets.

— Nous avons malheureusement déjà fait la triste expérience des procédés des Finnois à notre égard. Dès qu'ils ont acquis quelque avantage, ils remettent aux calendes la réalisation de nos désirs légitimes.

— Le compliment est réciproque !

— Mais alors il ne doit pas vous surprendre que nous défendions concurremment nos intérêts, et votre opposition m'étonne !

— Monsieur le baron sait parfaitement que la commune est dans l'impossibilité de créer simultanément deux écoles. Il sait aussi bien que moi que, si une éventuelle majorité en acceptait ici la responsabilité, la décision aurait toute les chances d'être cassée en appel. Mais le but que vous poursuivez est clair. En préparant la chute des deux projets, vous aurez obtenu avant tout celle du nôtre, qui seule vous intéresse. Je crois connaître assez mon adversaire pour ne pas me tromper sur ses intentions.

— Monsieur le président, je proteste contre ces attaques personnelles anti-réglementaires !

— Pour vous ce n'est qu'une question de pouvoir ;

les écoles finnoises, quelles qu'elles soient, vous sont en abomination !

— Et pour vous les suédoises ! Nous ne nous opposons pas à votre proposition, nous l'étendons seulement. Que la commune décide!

— On connaît vos procédés de mauvaise foi!

— Le rappel à l'ordre!

Et l'ouragan commença, l'ouragan nécessaire à l'éclaircissement de toute question.

Le baron et le professeur s'interpellaient, les visages se touchaient presque, ils se criaient bouche à bouche des insultes et les partisans faisaient de même. On ne pesait déjà plus les termes ni les épithètes : « Vous voulez nous empêcher de donner à nos enfants l'enseignement dans leur langue maternelle! — Vous voulez les faire entrer de force dans les écoles d'une autre langue! — Vous voulez employer la question scolaire pour favoriser en secret votre politique finnoise! — Vous voulez opprimer la minorité! »

Le président, impuissant à maintenir l'ordre, suspendit momentanément la séance.

Criant et grondant toujours, le baron et le professeur se retrouvèrent dans le couloir, puis dans le salon de repos. Sur la table se trouvait le courrier qui venait d'arriver. Ils prirent chacun leurs journaux et se mirent à lire. Tout à coup ils s'écrièrent presque en même temps :

— Sa majesté impériale.... 3....: 15 février[1].... Qu’est-
ce que cela ?

Et ils continuèrent leur lecture fébrilement,

— Mais qu’est-ce que c’est? Qu’est-ce que cela
veut dire?

Ils s’interrogeaient eux-mêmes et mutuellement
et sans pouvoir répondre.

Dans les couloirs et dans la salle des séances, un
murmure s’élevait.

— Il y a ici un article qui recommande la concorde
aux partis! dit le professeur après un silence.

— Dans le mien aussi! dit le baron.

Ils échangèrent leurs journaux et continuèrent leur
lecture.

Puis les ayant posés, ils les reprirent et relurent
encore une fois les mêmes articles. Après quoi chacun
alluma un cigare, se promena, s’assit, se releva, offrit
du feu à l’adversaire dont le cigare venait simultanément de s’éteindre. Les deux hommes se remercièrent
mais sans ajouter aucune parole.

Le baron pensait : « Le professeur retirera sans
doute sa proposition. »

Le professeur pensait : « Le baron ne s’opposera
plus à mon projet. »

Le baron poursuivait en lui-même : « Mais s’il ne

---

[1] C’est la date et le début du fameux rescrit impérial, dit de
coup d’Etat, qui supprimait virtuellement la constitution finlandaise
en ôtant à la diète de Finlande ses prérogatives législatives.

le fait pas, ne faut-il pas que je soutienne encore la mienne? »

Le professeur: « Je me demande s'il pense encore soutenir son projet d'école suédoise? Mais s'il le fait il n'y a rien de déraisonnable à cela. »

Le baron rompit le premier le silence.

— Nous voilà maintenant ici....

— Avec nos disputes, acheva le professeur en penchant la tête comme sous le poids d'un remords, avec nos disputes au sujet de l'instruction et de la culture populaires. — C'est votre faute! dit brusquement le professeur.

— Et vous êtes naturellement innocent comme l'agneau qui vient de naître!

On venait d'ouvrir violemment la porte et les gens dehors criaient:

— Pas un centime pour l'école suédoise!

— On vous y forcera!

— Nous nous plaindrons!

— Nous réclamerons!

— Dût-il en coûter la maison et ses fondations mêmes!

Le professeur jeta un coup d'œil au baron et dit:

— Quel qu'ait été le semeur, voilà les fruits.

— La faute en est peut-être aux deux partis?

— Sans doute!

— Oui!

— Certainement!

— N'y a-t-il pas de réconciliation possible? dit le baron qui s'était planté devant son adversaire. N'y a-t-il point de salut?

— J'en sais un; travaillons de concert à l'élévation de l'instruction populaire et ne permettons à personne d'en douter.

— Prenez-vous les écoles suédoises avec le même zèle que vous déployez pour les écoles finnoises?

— Et vous les écoles finnoises?

— Oui; changeons de rôle aujourd'hui! C'est le seul moyen!

— J'en sais un meilleur: nous nous occuperons ensemble des deux écoles en unissant nos deux zèles.

Dehors le murmure grandissait toujours, comme si le feu eût été au coin du bâtiment.

*　*　*

Ce fut avec une stupeur non dissimulée que l'on vit le baron et le professeur rentrer bras dessus, bras dessous, dans la salle des séances et s'asseoir côte à côte sur le même banc.

Leur visage était grave, presque solennel. Le baron avait de temps à autre des tics de la face et le professeur clignait singulièrement des yeux.

— Monsieur le président!

Le baron venait de se lever. Il se fit un très profond silence. Il lut l'article du journal auquel le professeur ajouta quelques commentaires explicatifs.

— Monsieur le président, après avoir rigoureuse-
ment examiné la question.... vu les événements pos-
térieurs.... je soutiens maintenant de la plus chaleu-
reuse façon la proposition de mon collègue..., et
j'exhorte tout le monde à faire de même...

Personne ne demandant la parole, le président se
leva.

— La diète communale est-elle d'avis qu'une école
finnoise soit créée à Alila ?

— Oui, oui, oui.

— La diète communale a adopté. — La parole est
à monsieur le professeur.

— Monsieur le président, je prends la liberté de
proposer à la commune la préparation d'un projet de
fondation d'école suédoise au village d'Ylilä, suivant
la proposition de M. le baron, car dans l'état où sont
nos affaires et après ce qui s'est passé....

— Bravo, cria-t-on.

Et avant que le professeur eût terminé, le président,
un paysan lent et flegmatique, sauta de sa place et cria,
les joues enflammées et les cheveux en bataille :

— Vive la patrie ! Vive la concorde !

Et depuis ce jour-là, il n'y eut plus de divergences
d'opinions au sujet de la création d'écoles nouvelles,
ni même pour la subvention à accorder aux anciennes écoles.

LE CONSEIL DU FOU

Cette nouvelle fait allusion à la censure russe qui décima la
presse finlandaise, supprimant plus d'une cinquantaine de journaux. Ces mœurs d'un autre siècle soulevèrent l'indignation de
la presse occidentale. En voulant faire taire les protestations finlandaises, on avait provoqué celles de l'Europe.

Le conseil du fou.

Tableau du temps de l'Inquisition.

Sur le marché de la petite ville, entre l'hôtel de
ville et la cathédrale, on avait rassemblé toutes sortes
d'instruments de torture, il y avait là le lit de Pro-
custe, les poucettes, la chaise aux clous, le tonneau
de Marius, les pinces sur un réchaud. Au milieu de
la place se dressait le bûcher, prêt à recevoir l'hérétique, s'il ne voulait point avouer son erreur, abjurer
son hérésie et se soumettre à la sainte Eglise catho-
lique, apostolique et romaine.

Il est là, pendu par les mains à un gibet, et des
poids de plomb sont attachés à ses pieds, mais il crie:

— Je n'avoue pas, je n'abjure pas, je ne me soumets pas.

On l'assied sur la chaise aux clous, mais sa protestation jaillit comme un éclair contre cette barbarie, à
la face de ceux qui sont là autour de lui, sur le marché, dans les rues, sur les toits et aux fenêtres. On le

saisit avec les tenailles rougies, sa peau brûle, mais cette torture reste, elle aussi, sans effet; il n'avoue pas, il n'abjure pas, il ne se soumet pas.

Le cardinal grand inquisiteur qui est venu de Rome, sur l'ordre du saint père, pour étouffer l'hérésie, ne sait pas ce qu'il faut faire de cet homme acharné dans sa foi. Certes il préférerait un aveu, une abjuration ou une soumission volontaire à un autofadé, cette suprême mesure n'étant pas bien vue dans les hautes sphères de l'Eglise.

Il fait appeler son coadjuteur au balcon de l'hôtel de ville, où il se tient drapé dans sa rouge simare, et lui donne ordre de promettre à l'accusé grâce perpétuelle pour lui, sa famille et sa ville s'il veut abjurer.

Mais le supplicié rejette avec mépris le tentateur.

Alors le grand inquisiteur s'impatiente et donne l'ordre au bourreau de trancher la main gauche de l'hérétique. Mais l'hérétique lui tend aussi sa main droite.

Plus grande est sa souffrance et plus fort il crie, et son cri s'étend toujours plus loin sur la foule. On l'entend dans les marchés, dans les rues, il force les murs des maisons, il franchit les murailles de la ville.

La sueur perle sur le front du cardinal, il a reçu l'ordre de provoquer un aveu, une abjuration, une soumission, son échec lui prépare une disgrâce auprès du saint père et du sacré collège.

« Qu'est-ce qui lui donne donc cette force surnaturelle ? » se demande-t-il, et il interroge ceux qui l'entourent, mais nul ne peut lui répondre ; cela ne s'est jamais vu, tous ceux qui jusqu'ici ont subi la torture, ont bien fini par crier grâce et se soumettre.

Alors le fou de la cour, qui suit partout Son Eminence, s'approche et demande à parler.

— Parle, dit le grand inquisiteur.

— Fermez-lui la bouche, conseille le fou, crier soulage sa douleur, mais elle sera doublée, quand il ne pourra plus crier.

— Conseil de fou, dit le cardinal, comment pourra-t-il avouer et abjurer ses fausses doctrines, si l'on ferme sa bouche ?

— Qui ne dit mot consent, réplique le fou.

— Sage fou, ingénieux insensé, s'écrie l'inquisiteur ravi.

Et il fait faire ce qu'a conseillé le fou. On met un bâillon sur la bouche de l'accusé et on le noue fortement derrière sa nuque. On le rattache à la potence et l'on ajoute des poids à ses pieds.

Il se tait, on l'assied sur la chaise aux clous, il se tait. On mord sa chair avec les rouges tenailles, il se tait toujours. Mais voici que le peuple ne l'entendant plus crier, se prend à crier lui-même. Une grande clameur monte du marché, des rues, des toits et des fenêtres.

N'avoue pas, n'abjure pas, ne te soumets pas.

Et il ne se soumit pas. S'il ne pouvait crier lui-même, sa douleur fut adoucie et le courage reprit force en lui, en entendant crier les autres.

Il subit la dernière torture et, muet, rendit son âme entre les mains de ses bourreaux. Alors une clameur nouvelle roula sur le marché, dans les rues, des toits et des fenêtres.

— Il n'a pas avoué, il n'a pas abjuré, il ne s'est pas soumis!

Le grand inquisiteur s'arrachait les cheveux de rage, mais le fou riait dans sa barbe, car c'était sur son conseil qu'ayant fait taire la voix d'un seul, on avait déchaîné l'immense protestation de la multitude.

1899.

UNE CORRIDA

Cette nouvelle, d'un symbolisme assez transparent, est parmi les plus fortes qu'ait écrites l'auteur. Elle montre l'empereur de Russie sacrifiant, pour la joie de son aristocratie, toutes les petites nations suzeraines de son empire : Pologne, Lithuanie, Courlande, Esthonie, Georgie etc.

L'attitude du petit taureau est bien celle de la Finlande : la résistance passive.

Les galeries supérieures du cirque, les classes socialistes russes, crient : *Eventre l'autocrate !*

D'un autre côté du cirque l'intellectuelle Russie crie au tsar : *Assez, assez !*

Et le petit taureau est mis à mort sans qu'il ait attaqué, comme à la boucherie.

Une corrida.

Il y avait plusieurs mois que Don Carlos, roi de toutes les Espagnes, avait invité les dames et cavaliers ainsi que les premiers citoyens du royaume à la grande corrida qui devait, dans la plazza de Madrid, dignement commémorer l'anniversaire de son avènement.

Les préparatifs de cette fête, la plus noble que puisse rêver le peuple espagnol, avaient duré des semaines. On la voulait sans précédent, elle devait faire époque dans le monde, étonner les Hidalgos eux-mêmes.

Les plus fines lames d'Espagne y devaient rencontrer des taureaux amenés à grands frais des plus lointaines contrées. Le toril, ce jour-là, abriterait des taureaux d'Amérique et des Indes, des bulls anglais et italiens, les plus fiers conquérants des pâturages autrichiens et lithuaniens, des steppes de Hongrie et de Russie, et même des bêtes venant des pays situés au delà de la Baltique, pays dont on ignorait jusqu'au

nom. Il y en avait de domestiques et d'effroyable-
ment sauvages.

Le jour était enfin venu et ce n'était pas sans une
extraordinaire curiosité que l'on attendait l'ouverture
des courses.

Le roi prit place dans sa loge, drapée de pourpre,
au milieu de sa cour, entouré de tout son peuple. Le
cortège fit alors son entrée. En tête s'avançaient les
picadors, bardés de cuir et d'acier, armés de piques
semblables à de longs porte-plumes [1], puis les banderilleros avec leurs banderilles aux rubans de soie de
couleur vive, puis les matadors, sanglés dans leur cos-
tume d'or et d'argent, agitant aux portières de leurs
magnifiques landaus la rouge capa et la brillante épée
qui percerait le cœur vaillant de la bête. Le cortège
s'arrêta sous la loge royale et le matador-chef tendit
en s'inclinant son chapeau. Le roi, d'un geste large,
lui jeta la clef du toril; alors les picadors s'établirent
en demi-cercle aux deux côtés de la porte, les banderilleros se dispersèrent dans l'arène et la porte s'ouvrit.

Le premier taureau s'élance, la tête basse, sur les
picadors. Ceux-ci, bien en selle, le piquent et le met-
tent bientôt en furie, les chevaux éventrés tombent
pour ne plus se relever; alors c'est le tour des banderilleros d'entrer en scène, ils augmentent la rage de

---

[1] Les pamphlétaires russes qui ont mené une campagne achar-
née contre la Finlande.

la bête: il faut la rendre aveugle et sourde de colère avant de la sacrifier. Ils lardent son dos de flèches aux rubans multicolores. Le blessé court à travers la piste, à la poursuite de l'ennemi qui se dérobe toujours ou l'attaque par derrière. Enfin la prima espada s'avance, se place en face de lui et agitant d'une main la capa écarlate, dirige de l'autre la blanche épée entre ses yeux.

Dans un suprême effort le taureau bondit, prêt à l'enlever au bout de ses cornes, mais encore une fois l'adversaire recule et quand la corne de la bête touche le drap rouge, l'épée s'enfonce dans son épaule. Le persécuté tombe sur le sol et le sable de l'arène se teinte de son sang.

Et cela pour le plaisir du roi et de son peuple qui jettent des fleurs à l'espada et poussent des acclamations.

Ainsi tombèrent les taureaux de l'Amérique et des Indes, les buffles et les bisons, aux pieds du roi. C'était un spectacle ravissant et grandiose, et, plus les pays d'où venaient les bêtes étaient inconnus et lointains, plus grand était l'enthousiasme ; car il était particulièrement intéressant pour le roi et ses invités de marque de voir la façon dont les différentes bêtes se faisaient tuer.

L'une se précipita directement vers l'épée de l'espada, l'autre eut besoin de l'excitant des piques, la troisième eut peur et s'enfuit et dut être longtemps persécutée par les banderilleros. Quand enfin elle fit usage de ses cornes, elle reçut la blessure mortelle, car, suivant l'ancestrale loi de la plazza : « Il est interdit de tuer celles qui fuient et l'on ne doit abattre que celles qui luttent.... — On doit donner le coup d'épée au taureau lorsqu'il est debout et l'on doit attendre son attaque pour le laisser venir de lui-même à la mort. »

Ce règlement était formel et tous les rois d'Espagne, protecteurs des jeux de cirque, l'avaient sanctionné.

.   .   .   .

L'enthousiasme du public était à son comble, les yeux brillaient, les joues s'enflammaient, les éventails s'agitaient, les plumes de chapeaux voltigeaient, on riait, chantait, criait, les « hourras » s'entrecroisaient, l'air était transparent et chaud, imprégné de parfum et de vapeur de sang.

On attendait la dernière course. Il ne restait plus qu'un taureau.

Les picadors reprirent leur place devant la porte du toril, les banderilleros se dispersèrent à tous les coins de l'arène et l'espada fit son entrée. C'était le plus célèbre d'Espagne, le favori des afficionados, un homme qui n'avait jamais manqué son taureau. Il fut reçu par des tonnerres d'acclamations.

Quelque chose d'extraordinaire ne pouvait manquer d'avoir lieu avec un tel matador et dans la dernière course de la journée qui serait à coup sûr la glorieuse conclusion de cette fête magnifique. D'ailleurs, d'après ce que l'on disait, ce dernier taureau n'était rien moins que phénoménal, venant d'un pays lointain, de l'autre côté des mers, d'un pays où les fauves fourmillent et où les hommes, suivant les on dit, étaient aussi féroces que les bêtes. Originaire d'une telle contrée le dernier taureau ne pouvait être qu'un monstre de férocité et de sauvagerie.

Mais il y eut un cri général d'étonnement lorsqu'il apparut sur la piste. C'était une jeune bête, courte sur jambes, courte de cornes, petite, d'allure mesquine et insignifiante. Elle ne se précipita pas dans l'arène comme les autres, mais il fallut la pousser par derrière et la tirer par les cornes.

— *Es un barro ?* (Est-ce un âne ? Est-ce un bélier?) cria-t-on de divers côtés.

— *Es un porco ?* (Est-ce un porc ?) cria-t-on de l'autre côté et tout le cirque partit d'un immense éclat de rire. Le roi lui-même ne put réprimer un sourire.

Mais dès que le taureau fut arrivé au milieu de l'arène, il se retourna brusquement, renversant les hommes qui le tiraient et le poussaient.

Les rires s'arrêtèrent et il y eut des applaudissements.

— Nous allons voir !
— Prenez garde !
— Il a les cornes bien plantées !
— La nuque est forte !

— Les pieds sont vifs !

— Assez ri comme cela !

On engageait des paris et l'attente était anxieuse.

Quand le taureau se fut débarrassé de ceux qui le tenaient, il s'arrêta subitement, la tête haute, la queue levée, regardant le décor inconnu qui l'entourait.

— Il se croit un étalon ! ricanaient les uns.

— La grenouille veut se faire aussi grosse que le bœuf !

— Elle crèvera bientôt !

Mais d'autres en tenaient encore pour le petit taureau, trouvant son maintien fier, sa taille harmonieuse et ses jambes solides. C'était, dans tous les cas, un adversaire qu'on ne pouvait pas mépriser.

Il se comporte pourtant de façon inaccoutumée : il ne baisse pas la tête, n'avance pas les cornes, ne gratte pas le sol du sabot, comme ses frères. Il reste dans la même position, comme s'il attendait qu'on lui explique ce qu'on veut de lui et ce que désirent tous ces gens qui sont là à le regarder.

Le public s'énerve :

— Portez-le, s'il ne peut pas marcher !

— Assez ! A la porte ! Qu'on le sorte ! Les picadors sont des idiots ! Ils ont peur !

Un picador s'est approché, il tourne autour du taureau, cherchant à le piquer sur le côté, car il se méfie, ne connaissant pas ses mœurs et, le devinant rapide et vif, il se prépare à l'éviter en cas de riposte.

Mais le petit taureau ne bronche pas et le regarde comme s'il se demandait ce que cet homme à cheval peut bien avoir dans l'esprit.

Il ne baisse pas la tête et ne tend pas les cornes.

Un second picador s'est avancé de l'autre côté et le même manège recommence, mais bientôt il est entouré de trop de monde et il s'enfuit, courant autour de la piste et cherchant une sortie; mais la porte du toril a été refermée. Alors il essaie de franchir la barrière, mais n'y parvient pas.

— Lâche! Lâche! vocifèrent des milliers de bouches et l'on appelle à grands cris l'espada.

Mais chaque fois qu'elle se présente devant lui avec sa capa, sa muleta et son épée, le petit taureau se trouble, s'arrête, ne comprend pas et ne fonce pas sur elle. Il se détourne et passe à côté. Et l'espada doit baisser son épée.

Le public manifeste son opinion avec des sifflets, des injures et des cris.

Les banderilleros commencent l'attaque. Les banderilles aux rubans de couleur, s'enfoncent dans sa nuque, il saute en l'air, se secoue, se roule dans le sable, parvient à se débarrasser de quelques-unes, mais fait pénétrer les autres plus profondément dans sa chair. Hors de lui, de douleur, il recommence à galoper autour de la piste, le long de la barrière, pour s'arrêter enfin, haletant, presque au-dessous de la loge royale. Le cirque est empli d'une vaste clameur. Les picadors, banderilleros, toreros crient pour l'exciter et le mettre en fureur, mais il reste là immobile, sans que personne ose s'approcher de lui. Il reste là, le front tourné à l'ennemi et l'arrière-train protégé par la balustrade sous la loge royale. Les cornes sont prêtes, il attend, mais ne veut pas faire le premier pas.

— Allons, espada, à l'ouvrage, dépêche-toi !

Mais l'espada fait des gestes désespérés, il ne peut pas agir aussi longtemps que le taureau n'attaque pas.

— Vas-y donc ! éventre-le ! prends-le sur tes cornes ! crie-t-on au taureau des gradins supérieurs, tandis qu'ailleurs on réclame :

— Assez ! sortez-le !

Et les œufs pourris et les fruits gâtés commencent à pleuvoir sur la piste. Le taureau n'a pas bougé de place ; les picadors et les banderilleros recommencent leurs attaques et il reste là comme pétrifié, les cornes sur la défensive, regardant droit devant lui, vers le centre de la piste, dont le sable est amolli par le sang qui coule de sa tête et de son cou.

Que veut-il faire ? Ne veut-il ni attaquer, ni prendre la fuite ? Alors quoi ? Veut-il mourir là et laisser s'égoutter tout son sang au pied du roi.

Le murmure a fait place à un intervalle de silence. Que faire ? on n'a jamais rien vu de pareil.

La prima espada qui a mis à mort d'innombrables sortes de taureaux ne peut-elle pas venir à bout de celui-là, de cet être minuscule ? mais c'est une honte, et pour elle et pour la corporation des espadas, une humiliation pour toute la fière Espagne.

Le murmure recommence de plus belle ; un ouragan de sifflets, d'injures et de rires ironiques éclate contre l'espada :

— Assez ! Assez !

L'espada est perplexe, elle regarde le roi et attend ses ordres ; lui seul a le droit de modifier les séculaires décrets de l'arène et d'ordonner la mort.

Le roi réfléchit, l'espada réfléchit et déjà elle a l'intention de remettre l'épée au fourreau.

Mais un sifflet strident, perçant, furieux traverse le cirque.

— Fiasco ! Fiasco ! C'est le jugement du public sur ce spectacle manqué ; tout est perdu, tout l'effet est raté, cette imposante parade finit par des rires et des moqueries.

L'espada ne réfléchit pas davantage, l'épée brille dans sa main et, se précipitant vers le taureau, elle l'enfonce jusqu'à la garde dans son épaule.

Le taureau fléchit des genoux et tombe comme une masse sur le flanc.

Mais à peine cela s'est-il passé que l'on hurle de tous côtés :

— Assassin ! boucher ! meurtrier ! et l'horreur des spectateurs n'a plus de bornes.

Les chambellans, les picadors et les toreros essaient bien de crier :

— Viva el España ! Viva el Rey ! Viva el España ! Viva el Rey !

Mais tout le cirque répond :

— A bas l'espada ! *Viva el heroico torito !* (Vive le brave petit taureau !) Et des fleurs, des éventails, des chapeaux, des gants parfumés de femmes couvrirent le corps du petit taureau qui avait été amené des pays lointains, par delà les mers septentrionales et qui fut égorgé dans le cirque de Madrid, bien qu'il n'eût pas voulu employer ses cornes contre ses persécuteurs, aux pieds du roi, digne fin des grandes fêtes données par l'autocrate aux nobles cavaliers de sa suite !

TABLE DES MATIÈRES

Imprimerie
Georges Bridel & Cie
Lausanne.